EX·LIBRIS

目 录

前言　卖衣买刀　徐皓峰 / 1

第一编　李仲轩自传

　　荣辱悲欢事勿追 / 3

第二编　唐门忆旧

　　丈夫立身当如此 / 33

　　乃知兵者是凶器 / 46

　　五台雨雪恨难消 / 57

　　总为从前作诗苦 / 74

　　别来几春未还家 / 91

第三编　尚门忆旧

入门且一笑 / 105

师是平淡人 / 117

把臂话山河 / 130

使我自惊惕 / 141

功成无所用 / 151

这般清滋味 / 162

曹溪一句亡 / 170

雕虫丧天真 / 179

杀人如剪草 / 185

大道如青天 / 201

长剑挂空壁 / 207

我与日月同 / 220

掩泪悲千古 / 234

第四编　薛门忆旧

世人闻此皆掉头 / 245

心亦不能为之哀 / 264

　　处事若大梦 / 281

　　困时动懒腰 / 290

　　欲济苍生忧太晚 / 302

　　薛师楼下花满园　今日竟无一枝在 / 317

第五编　李仲轩窍要谈

　　遂将三五少年辈　登高远望形神开 / 333

　　一生傲岸苦不谐 / 340

　　万言不值一杯水 / 353

　　仰天大笑听秽语　我辈岂是草木人 / 368

　　君不见清风朗月不用一钱买 / 384

附录一　岳武穆九要 / 395

附录二　内功四经 / 407

我与《逝去的武林》（代后记）　常学刚 / 419

前言 卖衣买刀

徐皓峰

《路加福音》的"钱囊、口袋、刀"章节,被捕前夕,耶稣嘱咐门徒卖衣买刀。五世纪,中东地区的教父将此言解释成弃世求道,衣服是俗世,刀是修行,一个换一个。

放弃生活的教父们都是生活的高手,情智高,妙语连珠,并有传播网,将自己的逸事流传大众。他们有邻居有客人,说:"待客人如待耶稣,会与邻人相处,便会与上帝相处。"

卖衣买刀的实情,不是舍衣得刀,而是衣服里藏把刀。

教父是待在家里的人,凭个人魅力重建身边世俗。后来,教父的家被教堂取代,教父被神父牧师取代。教父型的人在东方更为悠长,在日本是茶道师,在我小时候,是胡同里的每一位老人。

"人老了,俗气就少了。"是老人

们聊天的话，沾沾自喜。那时的老头、老太太长得真好看。

我姥爷李捷轩，旧式的书呆子，不问世事家事，不见得不明白。他有一个自己的尊严体系，每年有几个固定看他一次的人，无礼物，不说什么话，一小时便走，真是来"看"人。

他们是他帮过的人，不让带礼物，不让说感谢话，也不陪说话，因为帮忙时并不想做朋友。他们也适应，年年不落地来，表明不忘恩就好。

姥爷的弟弟李仲轩，家人叫二姥爷，天生有人缘，配得上"和颜悦色"几字——这样的人好找。他有几次突然迁居，我凭个大概地址，附近一问"有没有一个特和气的李老头？"便找到了他。

我爷爷十三岁做店铺学徒，两月一次化装成菜农，背筐上火车，筐里藏银元，走漏消息，随时死。少年历险的好处，是老了反应快，爷爷八十岁仍眼有锐光，洗脸吃饭的动作猫走路一样柔软。

二姥爷的和颜悦色下，藏着历险者痕迹，我童年时便对此好奇。因为姥爷的家教，我四岁会讲半本《儿女英雄传》，小孩见了自己好奇的人，总是兴奋，一次他午睡，我闯进去，说不出自己好奇什么，就给他讲那半本书了。

他靠上被子垛，看着我，时而搭上句话。我声音很大，时间很长，以致一位姨妈赶来把我抱走。此事在家里成了个多年谈资，我小时候很闹，家人说只有二姥爷能应付我。他没被吵，睁着眼睛、嘴里有话地睡觉。

家人知他习性，下棋也能睡觉。他来姥爷家，累了，但不是睡觉时间不往床上躺，便跟姥爷下棋，姥爷见他肩窝一松，便是睡着了，但手上落子不停，正常输赢。

不知道他是时睡时醒，还是分神了，一个自我维持常态运转，另一个自我想干吗干吗——长大后，知道这本领的宝贵，可惜学不会，但在囚犯和乐手身上见过，偶尔一现。险境里出来的本领，是体能不衰，窘境里出来的本领，是一心二用。

他一生窘境。

小学五年级，武打片风靡，问爷爷："你会不会武功？"爷爷："啊？死个人，不用会什么呀。"我如浇冷水。

初中，二姥爷住姥爷家，我问了同样问题，他说："没练好，会是会。"就此缠上了他，学了一年，他没好好教。

之后他迁居，十年未见。再见，他已现离世之相，命中注定，我给他整理起回忆录，知道了他为何不教。

他属于武行里特殊的一类人，遵师父口唤不能收徒，学的要绝在身上。同意写文，他的心理是为他师父扬名，作为一个不能收徒广大门庭的人，辞世前想报一报师恩。

我错过了习武,听他讲武行经历,"望梅止渴"般过瘾,整理文字犹如神助,每每错觉,似不是出自我手。

他那一代人思维,逢当幸运,爱说"祖师给的"。见文章越来越好,他觉得写文报师恩的做法,是对的。难得他欣慰,很长时间,他都有是否泄密的深深顾忌。

他学的是形意拳,师承显赫,三位师父皆是民国超一流武人,唐维禄师父游走乡间,薛颠师父坐镇武馆,尚云祥师父是个待在家里的人,一待四十年,慕名来访者不断,从求比武到求赠言。

本书文章在2001至2004年写成,《教父言行录》在2012年国内首次翻译出版。对照之下,民国武人似是五世纪教父集体复活,甚至用语一致,教父的求访者说:"请赠我一言。"武人的求访者说:"给句话。"

教父对《圣经》避而不谈,不用知识和

推理，针对来访者状态，一语中的。比如，教父说："我教不了你什么，我只是看了新约，再看旧约。"求赠言者震撼，觉得得到了最好的教诲。

　　整理成文字，读者不是当事者，没有设身处地的震撼，但读来回味无穷，误读了也有益，所以言行录能广为流传。

　　武人授徒言辞也如此，心领神会才是传艺，并在武技之外，还有生活理念、生命感悟的余音。老辈人说话，是将什么都说到了一起。李仲轩年轻时拒绝做高官保镖，而退出武行，隔绝五十年，不知当世文法，只会讲个人亲历。

　　人的特立独行，往往是他只会这个。

徐皓峰
2013 年 4 月于北京

第一编 李仲轩自传

李仲轩（1915—2004），天津宁河县人，形意拳大师唐维禄、尚云祥、薛颠弟子，因生于文化世家，青年时代武林名号为『二先生』，34岁退隐，遵守向尚云祥立下的誓言，一生未收徒弟，晚年于《武魂》杂志发表系列文章，在武术界引起巨大反响。

荣辱悲欢事勿追

我的父系在明朝时迁到宁河西关,初祖叫李荣,当时宁河还没有建县。旧时以"堂"来称呼人家,我家是"务本堂",民间说宁河几大户的俏皮话是"酸谈、臭杜、腥于、嘎子廉,外带常不要脸和老实李",我家就是"老实李"。

我母亲的太爷是王锡鹏,官居总兵,于鸦片战争时期阵亡,浙江定海有纪念他的"三忠堂"。王照(王小航)是我姥爷的弟弟,我叫他"二姥爷",官居三品,他后

李仲轩与母亲王若南、兄长李捷轩

逝去的武林

1974年在李捷轩家的全家福

李仲轩与家人

来发明了"官话合音字母"(汉语拼音的前身),据说某些地区的海外华人仍在使用。

清末时,天津的教官(市教育局局长)叫李作(字云章)是我家大爷,我父亲叫李逊之,考上天津法政学堂后,自己剪了辫子,被认为是革命党,李作保不住他,因而肄业。他有大学生架子,高不成低不就,整日喝酒,他的朋友说他中了"酒劫",他的诗文好,但没能成就。

唐维禄是宁河的大武师,他的师傅是李存义[壹],绰号"单刀李"。刀刃叫天,刀背叫地,刀锷叫君,刀把叫亲,因为刀是张扬的形状,所以刀鞘叫师,取接受老师管束之意,刀头三寸的地方才叫刀,人使刀一般用天、地,大劈大砍,而李存义的刀法用刀尖。

唐师是个农民,早年练燕青拳,到天津找李存义拜师,李存义不收,唐维禄就说:"那我给您打长工吧。"就留在国术馆做了杂役,待了八九年,结果李存义发现正式学员没练出来他却练出来了,就将唐维禄列为弟子,说:"我的东西你有了,不用再跟着我,可以活你自己去了。"

我仰慕唐师,就把家里的老鼻烟壶、玉碟找出一包,给了他的大弟子袁斌,袁斌拿到鼻烟壶后喜欢得不得了,在大街上溜达时说:"瞧,老李家把箱子底的东西都给我了。"是袁斌将我引荐给唐师的。

唐师有个徒弟叫丁志涛,被称为"津东大侠"。天津东边两个村子争水,即将演变成武斗,丁志涛去了。动手的人过来,他一发劲打得那人直愣愣站住,几秒钟都抬不了脚,这是形意的劈拳劲,一掌兜下去,能把人"钉"在地上。

他"钉"了十几个人,就制止了这场武斗,也因此成名。丁志涛有三个妹妹,后来我娶了他二妹丁志兰为妻。

宁河附近的潘庄有李存义师弟张子兰[贰]的传人,叫张鸿庆[叁]。唐师让我多去拜访这位同门师叔,并对张鸿庆说:"我徒弟去找你,你多鼓励。"张鸿庆脑子非常聪明,令我有受益。

他精于赌术,一次作弊时被人捉住了手,说他手里有牌,他说:"你去拿刀,我手里有牌,就把手剁了。"

刀拿来，他一张手，牌就没了——可想而知他的手有多快，手快脑子就快。

我行二，大哥是李辕（字捷轩），随唐师习武后，宁河人管我叫"二先生"。有一个人叫李允田，练单刀拐子，对我师弟周锡坤说："二先生有什么本事，见面我就把他敲了。"

周锡坤就跟他动起手来，用横拳把他甩出去了。李允田回去约了东黄庄一个姓侯的人来报复，周锡坤听到消息就避开了。

他俩四处找周锡坤时，有人告诉我说："周锡坤打李允田是因你而起，他们找不着周锡坤就该找你了。"我当时正和父亲闹矛盾，从家里搬出来，住在母亲家的祠堂里，心情非常恶劣，我说："我正别扭呢，谁找麻烦，我就揍他。"

那两人最终也没来找我，周锡坤回来后，也没再找他。

宁河附近唐师有个师兄弟叫张景富，绰号"果子张"[肆]，我们一班唐师的徒弟都喜欢待在他家，他为人随和，也愿意指点我们。一天我带了一个朋友去果子张家，正赶上午饭，就在果子张家吃了饭。

我跟这位朋友说过，按照武林规矩，只要来访的是武林朋友，要管吃管住，临走还要送路费。

没想到这朋友后来自己跑到果子张家吃饭去了，一去多次，还带了别人。果子张有点不高兴了，我就去找那朋友，不要他再去，他说："你不是说练武术的，来人就管饭吗？"

他是借着听错了去吃饭。当时宁河发大水，闹了饥荒，红枪会[伍]趁机招会众，参加就管饭。唐师的徒弟廉若增亦因饥饿参加了红枪会，他的爷爷和我奶奶是亲姐弟。

唐师、丁志涛都对红枪会反感，说："不能信那个，一信就倒霉。"我劝过廉若增："义和团也说刀枪不入，结果枪也入了，刀也入了，过多少年了，红枪会还玩这套，你怎么能信呢？"他说："我就是去吃饭。"

红枪会头目杨三是治安军督办齐燮元的表弟，他知道我收藏刀枪，就让我捐给红枪会，我认为他们是骗人去送死，所以把刀枪藏在神龛上面，对他说："我放在四十里外了。"

杨三说："快给我取去。"我说："现在发大水，过不去。"他又冲我吆喝，那时是我心情很不好的一段时期，我一下就发了火，说："二先生说在四十里外，是给你面子下台，现在告诉你，就在这神龛上头，离你五步远，你敢拿就拿。"——这也是我唯一的一次自称是二先生。

杨三没拿，转身走了。后来别人告诉我，有人问杨三："杨三爷怎么吃这瘪，一个毛孩子都弄不动？"杨三说："他六叔李牧之十九岁就当了同知（比知府低一级），现在的官比我表哥大。"

红枪会和日本人开了仗，几乎全部阵亡，河里都是死尸，宁河话叫"河漂子"。只有一个叫李锐的十四岁小孩生还，也是为吃饭进的红枪会，算起来还是我本家的弟弟。日本人拿机关枪对着他，他吓得直摆手，那日本兵也摆摆手，意思让他快走，他就从死尸堆里走出来了。

可能还有一个。红枪会的服装是一身黑，一个生还者躲进我住的祠堂，求我救他。当时日本人开着快艇在河道转，见到人就扫机关枪。日本人要上岸搜查，祠堂临街，是躲不过的。

我说："你待在这儿必死，翻墙吧，一直向北翻，北边河面上没日本人，过了河就安全了。"我教他做水裤：将棉裤脱下来，吹足气，扎上裤脚就成了气囊，可以浮着过河。也许他活下来了。

因我与父亲闹矛盾，唐师说他有个徒弟叫郭振声，住在海边，让我去散散心，并给我一块药做见面凭证，这块药就是李存义传下的"五行丹"[陆]。我拿着药到了渤海边的大神堂村，然而郭振声不在。

他是此地的请愿警，户籍、治安都是他一个人，当时有一家大户被匪徒绑票，索要两千大洋，郭振声让朋友凑了十八块大洋，留了九块给母亲，一个人去捉匪徒了。

他在黑鱼籽村的旅馆里空手夺枪，捉住了两个劫匪。其中一个竟然是大土匪头子刘黑七[柒]，不远就是他的老巢，郭振声知道凭自己一个人，没法将他押走，就把枪还给了刘黑七，说："绑票我得带走，你要不仗义，就给我一枪。"

刘黑七连忙说："那我成什么了？"拉着郭振声讲："你知道我以前什么人吗？"

原来这刘黑七是天津有名的大饭庄——登瀛楼的少东家，因为打死了客人，才逃到海边做了土匪。他向郭振声保证，只要他活着，大神堂村再不会受土匪骚扰，还要给郭振声三十块大洋，郭振声为不扫他面子，拿了两块。郭振声之举，保了大神堂村以及附近地区十余年太平。

郭振声带着人票回来，全村人庆祝，我就跟着大吃大喝。那时我已经在大神堂村住了十多天，我把药一拿出来，郭振声就认了我这师弟，给了我五块大洋。

从大神堂村回来后，唐师就带我去北京找他的师兄尚云祥。

尚云祥年轻时求李存义指点，练了趟拳，李存义就笑了："你练的是挨打的拳呀。"一比试，李存义没用手，一个跨步就把尚云祥跨倒了。尚云祥要拜师，李存义说：

"学，很容易，一会儿就学会了，能练下去就难了，你能练下去吗？"尚云祥说："能。"李存义只传了劈、崩二法。

隔了十一二年，李存义再来北京，一试尚云祥功夫，感到很意外，说："你练得纯。"对别人说："我捡了个宝。"从此正式教尚云祥。

唐师与尚师交情深，每年到了季节，唐师都从宁河来京给尚师送螃蟹。尚师属马，家住观音庵，以前是住尼姑的地方，当时已经没尼姑了，住了几家人，尚师家是东厢房三间，院子很小。

尚师早年是做帽子的，晚年生活来源的一部分是徒弟单广钦的资助，单广钦做水果、糕点生意，送钱时常说："做我这生意的，现钱多。"单广钦比我大三十岁。尚师开始不收我，唐师好话说尽。

我的姥爷叫王燮，是长门长子，在清末任左营游击，官居五品，先守北京东直门后守永定门，八国联军进北京时因抵抗被杀害，他在北京市民中有声誉。唐师把这情况也讲了，尚师说："噢，王大人的外孙子。"

尚师对我好奇，但他从来不问我家里的事。清末民国的人，由于社会贫穷，大部分是文盲，尚师只是粗通文化，但他很有修养。

我进入尚门后，师兄们跟我说，在北京一座大庙（忘记名字）的院子里有尚师年轻时踩裂的一片砖，因为庙里没钱换砖，这么多年还在，要带我去看看。尚师说："去了也就是瞅个稀罕，有什么意思？"就没让我去。

天津没有尚师的徒弟。我开始住在北京学拳，后来搬回天津，早晨出发，中午到了北京，吃完午饭后去尚师家，所以我跟尚师习武的近两年时间里，大部分是在中午学的。

尚师一天到晚总是那么精神，没有一丝疲劳或是稍微神志懈怠的时候。对于这一点，越跟他相处越觉得神奇。

孙禄堂[捌]的《八卦拳学》上写道："……近于形神俱妙，与道合真之境矣。近日深得斯理者，吾友尚云祥。其庶几乎。"[玖]说拳术可以练到形神俱妙、与道合真的境地，当时得此三昧的，除了他的朋友尚云祥，找不出别人。

我们这一支的师祖是刘奇兰（刘翡玉）[拾],他的师弟是郭云深[拾壹]。孙禄堂是郭云深的传人,他曾施展腿功,惊吓了民国总理段祺瑞,被多家报纸报道,有盛名。

我曾想找国术馆馆长薛颠比武,被唐师、尚师制止了。后来唐师跟我说:"别比了,你跟他学吧。"听了薛颠的事迹,我对这个人很佩服,觉得能跟他学东西也很好,唐师对尚师说:"我让他去见见薛颠?"尚师也同意了。

去见薛颠前,唐师怕薛颠不教我,说:"见了薛颠,你就给他磕一个头。"在武林规矩里磕三个头已经是大礼了,而磕一个头比磕三个头还大,因为三个头是用脑门磕的,这一个头是用脑顶磕的,"杀人不过头点地"的"头点地"指的就是这个,要磕得带响,是武林里最重的礼节。

我见了薛颠,一个头磕下去,薛颠就教我了。薛颠非常爱面子,他高瘦、骨架大、眼睛大,一双龙眼盼顾生神。他第一次就手把手教了蛇形、燕形、鸡形[拾贰]。

他是结合着古传八打歌诀教的,蛇行是肩打,鸡形是头打，燕形是足打，不是李存义传的，是他从山西学来的。其中的蛇行歌诀是"后手只在胯下藏"，后手要兜到臀后胯下，开始时，只有这样才能练出肩打的劲。简略一谈，希望有读者能体会。

薛颠管龙形叫"大形"，武林里讲薛颠"能把自己练没了"，指的是他的猴形。他身法快，比武时照面一晃，就看不住他了，眼里有他，但确定不了他的角度。这次一连教了几天，我离去时，他送给我一本他写的书，名《象形术》[拾叁]，其中的晃法巧妙，他跟我试手，一晃就倒。回来后，尚师问："薛颠教了你什么？"我都一一说了。

第二次见薛颠是在1946年的天津，我在他那里练了一天武，他看了后没指点，说："走，跟我吃饭去。"吃饭时对我说："我的东西你有了。"——这是我和薛颠的最后一面，薛颠没有得善终，我对此十分难过。

我二十四岁时父亲死了，我却不能回家。二十五岁时，天津财政局局长李鹏图叫我到财政局工作，也不给我安排事情做，只让我陪他去看戏、吃饭，我一看这情况，等于做了保镖。他也叫我"二先生"，其实他是我按照李家各房大排名算的三叔，他知道我练武。

我以前是个少爷，练武后穿着就不讲究了。一天到捐物处去办事，我戴个美国鸭舌帽，上下身都是灰布，上身还破了个洞，露着棉花。当时天津的捐警名声不好，干什么都是白拿白占。捐物处门口是个斜坡，我蹬着自行车直接上去了，到岗亭，一个捐警一脚踹在我的自行车上，我摔倒后，他跑上来抽了我一个耳光，还骂："打你个××，谁叫你上来的。"

我起来后，说："你会打人，我也会打人。"拎住他抽了四个耳光，他就叫唤开了。捐物处有四十个捐警，平时总有二十个人在，一下都出来了。我考虑这场架怎么打，我现在是财政局人员，如果打重了，财政局和捐物处都不好收场。形意拳有个练身法的训练叫"转七星"，我跟他们转七星，手上像狗熊掰棒子似的，抓了帽子就往腋下一别。

我想："我能摘帽子，也能摘脑袋——只要他们想到这点，就会住手。"但他们想不到，掉了帽子还追我。捐警小队长拎着枪下来，看那架势要崩了我，但他认出

李仲轩六十七岁时

李仲轩八十七岁时在自家门外

李仲轩八十九岁时在家门外留影

了我,就把那帮捐警轰跑了,对我说:"您没在我们这儿打人,您给面子了。"我摘了十几顶帽子,随抓随掉,还剩下四顶,就把这四顶帽子递给了他。

捐物处处长叫齐体元,李鹏图给他打了电话,说:"二先生没打坏你们一个人,这是给你齐五爷维住了体面,你也得给二先生个体面吧?"齐体元说:"行,二先生还给我们四顶帽子,我们就开除四个捐警吧。"捐警外快多,被开除的四个人非常恨我。

这件事出在我身上,我觉得不自在,李鹏图也看出我不愿做保镖。我喜欢武术,但我做不来武师,我开始绝口不提我练武了,后来到天津北站当了海运牙行税的卡长,离开了财政局大楼,更是没人知道我练武。

我三十出头时,到宏顺煤窑住过一段时间,矿工中有个五十多岁的通背拳[拾肆]武师叫赵万祥,能把石碑打得嗡嗡响,不是脆响,能打出这种声音,通背的功夫是练到了家。

他带着徒弟在煤窑门市部后的空场里练,矿工们吃饭也多蹲在那吃,我有时出门能碰上。我从未表露过自己的武林身份，也不看他们练拳。他们都叫我李先生，非常客气。我大半辈子都是旁观者，这位赵拳师和我算是个擦肩而过的缘分。

只是在我大约三十七岁时，有一件武林纠纷找上了我。燕青拳名家张克功年老后，从东丰台迁到了卢台，收了几个小徒弟，他是唐师的朋友。当地的大拳师是傅昌荣[拾伍]的传人王乃发，他的徒弟把张克功的匾给偷跑了。

唐师去世的时候，嘱咐我照顾他的老朋友们，我就找王乃发要匾。王乃发说："你来，我要给面子。你提唐师傅，我更得给面子。摘匾的事我不知道，但摘了匾再送回去，我也下不来台呀。"我说："要不这样——"我就给王乃发鞠了一躬，把匾取走了。

解放前夕，我来北京找到了会计师的工作，那时尚师早已逝世，当年旧景只能令人徒生感伤，无心与同门相叙，从此彻底与武林断了关系。

注　释

[壹]

李存义(1847—1921)，字忠元，清末深州(今深州市)南小营村人。20岁时向刘奇兰、郭云深学形意拳，从董海川学八卦掌。

光绪十六年(1890)，李存义在军人刘坤一帐下教士兵练武，屡建功绩。后到保定开万通镖局。

八国联军侵华时，53岁的李存义参加义和团，奋勇杀敌，每战必先。他曾率众夜袭天津老龙头火车站，痛杀守站俄兵。

民国元年(1912)，李存义在天津创办北方最大的民间武术团体——中华武士会，亲任会长，教授形意拳，创编十六路的《拳术教范》，编写《刺杀拳谱》，教授门徒数百人。

民国十年(1921)，因病逝世，安葬于南小营村，终年74岁。

[贰]

张子兰（1865—1938），又名张占魁，字兆东，生于河北省河间县后鸿雁村。1877年结识李存义，并义结金兰。经李推荐拜师于刘奇兰门下。

光绪七年(1881)，在京结交八卦掌宗师董海川的弟子程廷华。1882年冬，董海川去世，张子兰坟前递帖，程廷华代师传艺。艺成后，武林名号为"闪电手"。

1900年后，在天津担任县衙捉拿匪徒的营务处头领。1911年，参与创建天津中华武士会，并执教。1918年9月，携弟子韩慕侠进京，参加在中山公园举行的"万国赛武大会"，韩慕侠挫败俄国大力士康泰尔，轰动全国。

[叁]

张鸿庆（1875—1960），曾用名张庚辰，天津宁河潘庄人，二十多岁时到天津刘快庄跟随刘云济学习洪拳。曾随李存义学习形意拳,后被张子兰收为正式弟子。

———

[肆]

张景富以炸油条为生,是曾任清宫武术教习的申万林的弟子。一次,族人来找申万林要钱修老屋,在申万林不知的情况下,张景富拿出了所有积蓄,为申万林家族盖了三间青堂瓦房。此举感动了申万林,遂将医药秘本传给张景富。

———

[伍]

红枪会是20世纪20年代中期活跃在冀南一带的农村会道门,后发展为几十万人的武装组织。

———

[陆]

五行丹是形意门秘传丹方,在提高内功修为上有特殊作用,但制作困难,一般炼成药膏,用于外敷,也是形意门嫡传弟子的身份证明。

[柒]

刘黑七从1915年起聚众作恶,为害二十九年之久。匪众最多时逾万人,流窜于山东、河北、热河、辽宁、安徽等十余省市,所到之处,抢劫财物,杀人如麻,官府军阀奈何不得。山东是刘黑七为祸的重灾区。

[捌]

孙禄堂(1860—1933)名福全,字禄堂,号函斋,武林名号"活猴"。完县东任家疃人。形意拳从学于李魁元,八卦掌从学于程廷华,太极拳从学于郝为真。1918年孙禄堂将形意、八卦、太极三家合冶一炉,创立了孙氏太极拳。同年被徐世昌聘入总统府,任武宣官。有"虎头少保,天下第一手"的美誉。

孙禄堂晚年著书立说,留有《拳意述真》《八卦拳学》等拳论，并曾击败俄国格斗家彼得洛夫、日本天皇钦命武士板垣一雄。

―――――――

[玖]

《八卦拳学》这一章节名为"阳火阴符形式"，全文如下：

阳火阴符之理（即拳中之明劲暗劲也），始终两段功夫。一进阳火（拳中之明劲也）一运阴符（即拳中之暗劲也），进阳火者，阴中返阳，进其刚健之德，所以复先天也；运阴符者，阳中用阴，运其柔顺之德，所以养先天也。

进阳火，必进至于六阳纯全，刚健之至，方是阳炎之功尽（拳中明劲中正之至也）；运阴符，必运至于六阴纯全，柔顺之至，方是阴符之功毕（拳中暗和之至也）。阳火阴符，功力俱到，刚柔相当，建顺兼全，阳中有阴，阴中有阳，阴阳一气，浑然天理，圆陀陀（气无缺也），光灼灼（神气足也），净倮倮（无杂气也），赤洒洒（气无拘也），圣胎完成，一粒金丹宝珠悬于太虚空中，寂然不动，感而遂通；感而遂通，寂然不动；常应常静，常静常应。

本良知良能面目复还先天，一粒金丹吞入腹，始知我命不由天也，再加向上功夫，炼神还虚，打破虚空脱出真身，永久不坏，所谓圣而不可知之谓神，近于形神俱妙，与道合真之境矣。

近日深得斯理者，吾友尚云祥。其庶几乎。

[拾]

刘奇兰，直隶深县人，"神拳"李洛能弟子。艺成后隐居，做首饰生意，所以又被称为刘翡玉，教授出李存义、耿诚信、周明泰等知名弟子，其子刘殿琛著《形意拳术抉微》，阐明刘奇兰武学。

[拾壹]

郭云深（1820—1901），名峪生，河北深县马庄人,"神拳"李洛能弟子,在武林有"半步崩拳打遍天下"的美誉。1877年,被六陵总管谭崇杰聘为府内武师,进而为清廷皇室载纯、载廉等人的武术教师。晚年著书立说,留有《解说形意拳经》。

孙禄堂是郭云深的徒孙,并得到了郭云深的亲自指导。

[拾贰]

形意拳五行和十二形为基本拳法,五行对应金、木、水、火、土,为劈、崩、钻、炮、横五拳;十二形对应动物,为龙、虎、猴、马、鸡、鹞、燕、蛇、鼍、鮐、鹰、熊。

[拾叁]

正式出版书名为《象形拳法真诠》,口述人在后文中往往也称这本书为《象形术》。

[拾肆]

战国时代鬼谷子于云蒙山中观察通臂猿动作所创,以衣服练功,讲究手掌粘着衣服发劲,练时粘自己衣服发劲出响,用时粘敌人衣服发劲。在演练中啪啪见响,每一声响,都与技击有关。所以通背拳不许光膀子练,必须穿衣,通背拳不出响,犹如行船没有桨。

[拾伍]

傅昌荣(1885—1956),又名傅剑秋,河北宁河人。1908年前后,投身形意拳大师李存义、八卦掌名家刘凤春门下,艺成后出任张作霖私人护卫队长。1927年走访武当山,与徐本善道长互换拳术。

第二编 唐门忆旧

唐维禄（1868—1944），天津宁河人，李存义弟子，武林名号为『北霸天』，与孙式太极拳创始人孙禄堂并称『二禄』。拜师时已到中年，是以超人毅力突破年龄局限，成就武功的特例。后退隐乡间，暗助天津国术馆事务，尽心授徒，致力于形意拳在河北民间的普及。

丈夫立身当如此

唐师维禄喜欢穿白马褂,那天他拿了碗酱面,一边吃一边给我们讲拳。我们几个徒弟都很调皮,一拥而上撞他,想用他手里的酱面弄脏他的白马褂。他不用手也不用脚,走了一圈,把我们都撂倒了。

他说这是形意拳的肩打、胯打、臀打[壹]。这种打法就是一蹭,而不是像出拳似的打出去,摆胯、凸肩、甩屁股是很难看的,这种近身打法是要蜻蜓点水一般,一闪一闪的。

一天，唐师被一辆大马车拦住。马车夫是练拳人，车栏上有一个铁环，马车夫用胳膊在铁环上撞了一下，铁环就歪了。他问："唐师傅，您能再把铁环撞回去吗？"

唐师说："你的胳膊比铁环硬，我就不撞铁环撞你的胳膊吧！"一撞，车夫连连叫疼，瞅着唐师的胳膊发呆。唐维禄说："你胳膊撞过来时，我的胳膊拧了一下，说是咱俩撞胳膊，其实是我打你的胳膊。"

后来唐师又跟弟子们讲，这一拧不但要在胳膊上，还要在全身，拧来拧去，就会发力了。形意拳发力不是直的。

唐师传我拳是按古法，规矩非常大，一定要在四面有墙的院子里，不准被第三双眼看到，而且要在夜里练，除了保密，也为养眼神。我想只有母亲家（王家）的祠堂合适，就约了唐师住在祠堂，有时唐师别的徒弟也来，祠堂里会很热闹。

我也是在这儿结下了生死之交——师弟丁志涛。他食量过人，我叫他"饭桶"。我太不像练武的了，而他是太像了，高个怒眼，气势撼人，一天到晚捺不住跟人比武的瘾。

但他是个性情中人，待我很真诚。我就和他拜了把兄弟。我推掉了别人给我说合的一门亲，与丁师弟的妹妹结婚了。他性格偏激，后来发生变故而死。

我父亲有名士派头，爱组织一帮文人去游山玩水，在南京、上海一待就很久，很少在家。他有一次回家，见到祠堂里生人很多，就拉下了脸色，唐师以后就不再来了。

因为我习武，父子俩矛盾很大，有一阵儿甚至弄得很僵。文人的脾气就是这样，一发作起来非常绝情。我在宁河待不下去，唐师认为祸从他起，就将我送到北京跟尚云祥学拳，也算有了落脚处。

因为与尚师年岁相差过大，尚师开始是不收我的，说："老师傅，小徒弟，以后给人当祖宗呀！"唐师一个劲儿地说："读书人的孩子，不错。"然后把我的情况讲了一遍，尚云祥觉得我有点血性，就收下了我，很快地举行了拜师仪式，让我立下"学成后不收徒"的誓言。

后来我有机会做官，唐师不准，说："按照古代的规矩，练武之人要有了官府的身份，就不能再入武林了。"

有一句"练功不练拳"的话，认为功是站桩[贰]，拳是打拳，"练功不练拳"就是只站桩不打拳——这是初学者容易产生的误解。站桩的要点是"学虫子"，冬天虫子钻进地里死了一般，等到了春季，土里生机一起，虫子就又活了。站桩有无穷益处，是练功。其实打拳也是练功，形意拳要"练精化气，练气化神，练神还虚"，气不是呼吸的气，比如男人的英姿潇洒、女人的妩媚靓丽，就是气的作用，正所谓生机勃勃。至于呼吸的气，叫做"息"，劈拳就是练息（不说打法，只谈练拳的练法）。

开始练劈拳，要找个开阔地带，犹如人登上高山，视野一开，会禁不住地长呼一口气。在开阔地带，气息容易放开。

劈拳的姿势是手的一探一回，犹如人的一呼一吸。一趟四五百米地打下去，气息越来越绵长，越来越深远，精力便充沛了。

手部动作激发了全身，渐渐就会感到气息鼓荡，全身毛孔开合。薛颠说过："练拳的人要学会体呼吸"，体呼吸的妙处在打劈拳时可以体会到。

许多人身体都有隐疾，劈拳练息可以将其灭于无形。而且人一上了岁数，身体会亏空，就要通过练息将气补足。

气息充沛，这是习武的基础，所以形意先练劈拳。劈拳中本就含有钻拳的姿势，练好劈拳接着练钻拳较容易，正是"金生水"[叁]，劈拳属金，钻拳属水。而再学一个全新的拳架，如崩拳就比较困难。

劈拳养肺，人的两条胳膊对肺有直接作用。小孩们做的广播体操，如扩胸运动、伸展运动都是通过运动两条胳膊，来达到锻炼呼吸、强健肺部的效果。

而人的两条腿属于肾。一个人得了阳痿病，会被叫做"肾水不足"。钻拳以打法来说，是要练肘或指节的，但以练法来说，是要练腿，以活腿来养肾。

所以钻拳的步伐不是直来直去，而是螺旋前进。让两条腿有一个松快的余地，这样肺气足、肾水旺，上下身都修好，方可以向上进修。所以钻拳要接着劈拳练。

在练劈拳的阶段，都会遇到这样的情况，觉得身上皮肤增厚，像大象皮似的，而且觉得手指粗得像胡萝卜，两个手心像两个小旋涡，十根手指自发地紧紧握起，不愿意打开……这都是错觉，因为身上的气充足了，情绪也变得活跃，忙了这个忙那个，像小孩一样干什么都兴致盎然。这是一个必经的阶段，发现自己变成这样了，就说明功夫已上路了。

此时就不必再到开阔地去练拳了。形意拳自古讲究"拳打卧牛之地"，有个能挪步的地方就练上了，到开阔地打拳只是入门的方便之法。

我们的形意拳是李存义传下的，宗旨是要保家卫国，不是招摇生事。唐师说："你凶，我尿（害怕，窝囊），你尿，我比你还尿——这才是我的徒弟。"

勇气和本领要报效国家，对于私人恩怨，摆出一副窝窝囊囊的样子最好了。练劈拳的时候，不准在人多的地方，不准占别人的地方。遇到有人生事，不准动手比武，要学会以理服人、以德服人，要留着时间习武，不要卷入是非中，虚耗了光阴。

李存义 (1847—1921)

因为劈拳练息这个功夫得一年才能成就，先去病再强身。通过练息，身上的气养起来，大脑时常会有灵感，此时学拳就真是趣味无穷了。

水处卑下，往下流，所以练成钻拳后，人的性格会变得沉稳谦和，皮肤质地都会改善，声音非常悦耳，心思也会变得很缜密。以前老辈拳师不识字，可气质高雅，很有涵养，因为形意拳是内家拳，不但改造人体还改造心志。

拳法里出功夫的都是基本功，要吃苦。做人最基本的是"诚信、谦和"，要忍耐。"老要癫狂，少要稳"，老年人死盯着规矩，小辈人就很难做了，所以老人要豁达点、随便点，小辈人可一定要守礼仪，如此才能和睦，才能延续传承。

人品与拳法是相辅相成的[肆]。唐师改变了我的命运，这么多年过去，只能写点文章来报答这份师恩了。

注　释

［壹］

形意拳有七拳十四处打法，歌诀如下：

头打落意随脚走，起而未起占中央，脚批中门抢地位，就是神仙也难防；

肩打一阴反一阳，两手只在洞里藏，左右全凭盖世力，束展二字一命亡；

肘打去意占胸膛，出势好似虎扑羊，或在袖胯一旁走，后手只在肋下藏；

拳打三节不见形，如见形影不为能。能在一思进，莫在一思存；能在一气先，莫在一气后。

胯打中节并交联，阴阳相合必自然，外胯好似鱼打挺，内胯抢步复势难；

臀尾起落不见形，猛虎坐窝在洞中；背尾全凭精灵气，起落二字自分明。

膝打几处人不见，好似猛虎出木笼，和身辗转不停势，左右分拨任意行；

走打批意不落空，消息全凭后脚蹬，与中较手元虚备，去意如同刮地风；

脚打七分手打三，五行四梢要俱全，气伏心意随时用，硬打硬进无遮拦，起无形，落无踪，起为蛰龙登天，落为霹雳击地。

肋腹打法意要隆，好似弯弓一力精，丹田久练灵根本，内外合一见奇功。

以上至下，可左可右，十四处打法，俱不脱丹田之精。丹田久练是根本，五行合一显奇能。

一拳百变，七拳紧相连，如林中射鸟，鸟应弦而落；草中击蛇，蛇死枪响。往哪里提防，哪里封闭。

[贰]

维持一个姿势大体不动，静中求动的练功方法。形意拳主要桩法有浑圆桩、三体式、降龙桩、伏虎桩。

[叁]

形意拳沿袭春秋时代的五行相生相克哲理。五行相生之道为金生水、水生木、木生火、火生土、土生金；五行相克之道为金克木、木克土、土克水、水克火、火克金。

五行对应内脏，肺属金，肝属木，肾属水，心属火，脾属土；五行对应五官，鼻通肺，目通肝，耳通肾，舌通心，人中通脾；五行对应拳法，劈拳属金，崩拳属木，钻拳属水，炮拳属火，横拳属土。

形意拳以相生之理，强身祛病；以相克之理，技击应用。

由相生之理，故横拳能生劈拳，劈拳能生钻拳，钻拳能生崩拳，崩拳能生炮拳，炮拳能生横拳。如万物生于土，故横拳能生各拳。

由相克之理，故劈拳能克崩拳，崩拳能克横拳，横拳能克钻拳，钻拳能克炮拳，炮拳能克劈拳也。

〔肆〕

李存义论拳中人品：

夫习拳艺者，对己者十之七八；对人者，仅十之二三耳。拳艺之道，深无止境。得其浅者，一人敌；得其深者，何尝不万人敌耶！习拳固宜虚心、谦谨，非多历年所熟复而无间断，未足以致极境。能致极境者，一由于虚习，一由于恒心，设辄作辄止，安能望其深造耶！

练形意者勿求速效，勿生厌烦之心，务要有恒，作为自己一生始终修身之功课，不管效验不效验，如此练去，功夫自然而成。

余练习拳学，终身未尝有意一次用诈胜人，皆以实在功夫也。若以诈胜人，彼未必肯心服也，诈心有何益哉？与人相交总是光明正大，不能藏心，或是胜人或是败人，心中自然明晓，皆能于道理有益也。

被人所败亦不能用诈心也。余所以练拳一生，总是以道服人也。以上诸先师常言，亦是余一生经验之事也，以后学者切记，虽然不用诈，不可不防诈，与人较量总要慎之、慎之。

乃知兵者是凶器

唐传形意拳严守古法，保留了传统中的几项杂技，名为杂技，因为是打人冷不防的技巧，比如擒拿。

在唐传形意拳中，用手去拿人，叫大小缠丝；用胳膊去拿人，叫野马分鬃；用身子去拿人，叫懒驴卧道。用整个身体去拿人，是形意拳的特点，十拿九稳。

俗语讲，"好拿不如赖打"，意为擒拿练得再好，也抵不住一顿乱打，但形意拳的擒拿是连拿再磕。我的师弟丁志涛是杀猪的屠夫，一天唐师带我去找他，他正干活，将猪脊骨在案板上一磕就软了，骨节散开。唐师拍拍我说："咱们的擒拿就是这个。"

丁师弟领悟得比我快，一下就明白了。我请唐师解释，唐师说："拿是死的，磕是活的。没有拿，只有磕。"表示学擒拿的关键是学会后续手段，并示范了手法，立下规定，因擒拿易造成伤残，严禁我们用。

我家中一位亲戚逝世，葬礼是大场面，办完后我带几个师兄弟去帮忙收拾。我们一干活，把我家人吓坏了。一桩大丧幡，两三下就拆倒了，宁河县都在传这事，唐师听到，握着我们的指头说，学会了擒拿，不要用来干活，否则养成习惯，伸手就是这个，早晚要伤到你们亲人。

旧时代的拳师收徒弟学孔子。孔子有子贡帮他结交官府，有颜回帮他传学问，有子路帮他管人，门庭中有三个这样的人，必然会兴盛。

从《论语》中可以看出，别人提问，孔子会耐心解释，子路提问，孔子一句话就驯服得他五体投地，这是在训练他一言以服众的能力，去管理其他徒弟。教师教育方法的不同，也是这个徒弟用处的不同。

子曰：吾门有由也，恶言不入于耳。[壹]就是说：我徒弟里有子路，别人就不敢说我坏话了。

我师弟丁志涛是个极力维护唐师尊严的人，有人对唐师不敬，他是可以拼命的，那年宁河来了个戏班，戏班的武生可以从桌子上一个跟头倒翻下来。他听说宁河有个唐维禄，便说了些贬损唐师的话，自夸了一番。

丁志涛听到后，要找那武生比武，我劝告他："吃江湖饭的不容易。"不让他去，但必须得让这武生收口。

我找了件旧棉袄，用草绳在腰上一系，戴着顶破草帽去了。这身打扮就是个乞丐，到戏园门口给拦住了，我家祖籍南京，在宁河被称为"老实李"，是此地大家，我常去听戏。看门人一看我脸，就叫了："您今儿怎么这打扮？"

我也不回答，交了钱进去，坐在第一排。戏开演后，那武生在台上总走神，不断瞟我。戏演完后，我也不走，一直坐着。过一会儿，武生就从后台出来，一个劲儿地说唐师的好话，还表示要请客。可能是戏园看门人告诉他我是唐维禄的徒弟了。

我在家排行老二,这件事后,就有人喊我二爷了,其实当时还是十六七岁的毛孩子,也正因为年轻,才会这么办事。戏园看门人后来还找过我一次,说有一帮小孩扎棉袄戴草帽去听戏,不交钱,他们以为是我派去的,没敢拦。我大笑,说:"与我无关。"宁河的孩子鬼机灵。

唐师对我的做法很不满意,当武生来请客赔礼时,唐师反而请了他。唐师说那天戏班的人要真拿我当乞丐,我会吃亏的,因为我只会练拳,还没学打法。

唐师讲,形意拳练法[贰]和打法[叁]迥然不同。比如,练法要以身推肩,以肩推肘,以肘推手,直至练到川流不息的程度。而打法则先要将手像鞭子一样地甩出去,再以肘追手,以肩追肘,以身追肩。说到这里唐师两手拍了一巴掌,很响,说用身子拍手,就是打法了。

形意拳古谱上有"打法定要先上身"[肆]的话,说比武之前,先要练身子拍手的技巧,将浑身的劲改了,否则比武时光有功夫,没有速度,不干脆,必败。但身上没有功夫,就妄自练打法,会震伤关节和后脑,所以习拳之初是"打法定勿先上身"。

以劈拳为例,劈拳的练法是"劈拳如推山",身上由后向前,一分一分地缓缓而推,推得越吃力越好,如此能长功夫;而劈拳的打法是劈拳如抡斧[五],山民抡斧头劈柴,跟抡鞭子一样,要个脆劲,否则斧头就只能砍进木头里,无法一下劈成两半。

李存义在宁河的徒弟,有唐维禄,有果子张,还有位经常路过宁河的人(忘记了名字)。他是位捉通缉犯的警察,独往独来,捕着犯人,自己一个人押解。

一次犯人抢他腰里的枪,都抓到手了,他在犯人脑门上抽了一巴掌,犯人握着枪傻呆呆地坐在了地上,一连几天都迷迷糊糊,可能被震成了脑震荡。这是打法,在间不容发的一瞬,以快取胜。

一次在烟台,这位师叔的手掌在捉犯人时受了伤,医院说得将大拇指切除。他知道李存义把药方传给了唐维禄,便托人带话说,只有师傅的药能救我,唐师配好药让我给他送去。

我走到烟台,远远看见一个人跟我打招呼,原来是这位师叔的徒弟。他对我说,我一看就知道是你,咱们是同门,走路姿势都一样。这位师叔的手掌的伤就慢慢好了。

后来在押解途中,他中了劫犯人的匪徒的乱枪而死。这位师叔打法精湛,他应该还有传人在世,希望形意拳的这一脉能够延续。

注 释

[壹]

《曹继武十法摘要》写道：闻子不语力，固尚德不尚力意之也。然夹谷之条必用司马。且曰"吾门有由，恶言不入于耳"，是武力诚不可少矣。

[贰]

形意练法有正、奇八字功，正八字是劲诀，奇八字是招诀。

正八字：

展：展者，宽之意，即拓张手足也。

截：截者，裁也，以裁退敌手也，此节最见身法。

裹：裹者，围裹也，裹敌手使失其盗用也，身旋而力柔，有以柔克刚之妙。

跨：跨如跨马之势，是言其形也，实则托跨成势。

挑：挑之力在肩与腿，与蛇形相类而手稍高。

顶：顶之力在头，故此以挺头垂肩为好。

云：《说文》"云，从雨云，像云回转之形。"今所用者，即借其回转之意，其两掌皆如行云之飘忽焉。

领：领者，受也，顺势而领取也。

奇八字：

斩：左右劈挂斩加翻，上步虎扑加头钻。

截：擒拿肘中臂截肩，一阴一阳左右换。

裹：裹肘刮地加肘锤，肘打去意在腰间。

跨：肩肘打意紧相连，左挑右肘莫等闲。

挑：刮腿之中挑向前，再加膝顶是真传。

顶：白鹤亮翅左右反，裹挑之中肘相连。

云：上鹞下刮手脚连，两冲变马拳上添。

领：左右领手阴阳换，上钻下打俱用拳。

奇八字连环诀：

起手鹰捉是真传，钩挂之中把敌斩。上步横肘是截意，退步裹肘原是三。

肘胯双行侧意猛，金鸡上架挑意翻。白鹤亮翅换步顶，云领式中腿相连。

[叁]

李存义提炼的打法歌诀：

手打七分脚打三,五行四梢要齐全；胆上如风响,起落如箭钻,气连心意随时作,硬打硬进无遮拦,蛰龙起水雷先动, 风吹大树百枝摇；内实精神,外示安逸;打法定要先上身,手脚齐到方为真;内要提,外要齐,起要横,落要顺,气要催,遇敌好似火烧身；去意犹如卷地风, 追风赶月不见迹。

[肆]

此句在李存义传的拳法歌诀中居于首位,如下：

一、打法定要先上身，脚手齐到方为真，拳如炮形龙折身，遇敌好似火烧身。

二、头打去意占中堂，两手外拨人难挡，脚踩中门抢地位，就是神仙也难防。

三、肩打一阴反一阳，两手只在洞中藏，左右全凭盖势取，束展二字一命亡。

四、手打起意冲胸膛，其势好比虎捕羊，站实用力须展放，两肘只在肋下藏。

五、胯打中节并相连，阴阳相合得之难，外胯好似鱼打挺，里胯上步变式还。

六、膝打几处人不明，好似猛虎出了笼，浑身转动不停势，左右明拨任意行。

七、肘打三节不见形，用法全凭蛇出洞，拳打三节亦如此，连续使用莫要停。

八、脚打踩意不落空，消息全凭后脚蹬，蓄意须防被敌觉，起式好似刮地风。

〔伍〕

五行拳歌诀：

劈拳之形似斧，崩拳之形似箭，钻拳之形似锥，炮拳之形似炮，横拳之形似梁。

劈拳：双榻双钻气相连，起吸落呼莫等闲。易骨易筋加洗髓，脚踩手劈一气传；

钻拳：钻拳原是地反天，上下同打是真传。左右相同随意变，收吸发呼劲合丹；

崩拳：崩拳属木疾似箭，发动全凭一寸丹。跟顺变化随法用，转身提足把树攀；

炮拳：炮拳先走虎跳涧，两劈下裹如搜山。钻崩之中加化打，提肛实腹水火关；

横拳：横拳出手似铁梁，横中有直横中藏。左右穿裹应合意，收势退横劲宜刚。

五台雨雪恨难消

唐传形意指的是唐维禄的拳法。唐师绰号"唐小猴",孙禄堂绰号"孙猴子",是说两人皆有翻墙越脊之能,两人并称为"二禄",谐音为"二鹿",是说两人皆有夜行三四百里的脚力。

唐师来京,为了避免施展腿功惊扰了路人,都是在宁河睡到一更天再动身,天亮时便到了北京,途中还要偷越过几道关卡。

李存义给唐维禄起名为"唐剑勋",取建立功勋之意,赏识的是唐师的技击天赋。并不是善走便可以和孙禄堂齐名,当时的人都知道唐师的打法厉害。

唐师总是懒洋洋的,拿着个茶壶一溜达能溜达一天,但他是说比武便比武,非常果敢。他曾击败过一位开宗立派的名家,却不许我们宣扬,这是唐师的武德。他是甘于平淡的人,也正因此,唐传形意更多地保持着李存义的原味。李存义的拳法是天津国术馆壹的代表,有史学兴趣的读者可从唐传形意中考证。

李存义出过一本拳论,开章言:"克敌制胜,唯形意拳独擅其长。"接受记者采访时,又说:"武术者,强身健体,国术者,保家卫国,可称国术者,形意拳。"

这一下引起了误会,以为他要将"国术"二字划归形意拳所有贰。众人找来比武时说:"李先生,您看我这是武术还是国术?"来比武,李存义便接,因为解释也没用,旧时代的武林就是这样,稍有不慎便骑虎难下。

李存义一生高风亮节,不料晚年陷入无谓的纠纷中,所幸没有失败,保住了名誉,但一个人上了岁数还要天

逝去的武林

孙禄堂（1860—1933）

天比武，想起来也是很大的烦恼。

至于李存义所言形意拳的"独擅其长"是什么？老拳谱上有答案："世之练艺者，必目有所见而能有所作为，故白昼遇敌尚能侥幸取胜，若黑夜猝遇仇敌，目不能视，将何以应之？唯形意拳，处黑夜间，随感而发，有触必应。"[叁]形意拳的精要，不是练视力、听力，而是练这份感应。

在尚云祥门下的师兄单广钦告诉我，尚师睡觉的时候，在他身边说话、走动都没事，可只要一把注意力放在他身上，尚师便挺身醒了。听着神奇，但练形意拳日子久了，一定会出现这一效果。

形为所有外在，意为所有内在，形意拳就是"练一切"，一切都知道。《形意五行拳图说》[肆]上便沿袭了尚师这一说法，讲的是敏感，而且这个"有触必应、随感而发"还是"并不知其何以然"，是自发性的。

唐师一次给徒弟讲拳，心中思索着什么，处于失神的状态。而这徒弟想试唐师的功夫，突然一拳打来。唐师胡乱一拨弄便将他按趴下了，自己还是恍恍惚惚的。

这徒弟从地上爬起来，非常高兴，觉得试出了唐师的真功夫。

唐师却从此不教他了，对外说："某某已经超过我啦。"其实，便是将他逐出师门了。师徒间要坦诚相见，当倾心相授时，却还抱着"偷学点什么"的心态，这种人是不堪传授的，否则有了武功将做下不可收拾的事，反而是害了他。

此人在唐师逝世后，仍自称是唐师弟子，时过境迁，小辈人无法为老辈人负责，为避免其传人尴尬，特将此人名字隐去。

形意拳也叫行意拳。我们的师祖是刘奇兰，功夫出在两条腿上，以身法著称，被赞为"龙形搜骨"[伍]。龙，就是一条大身子，这一支的后人李存义、尚云祥、唐维禄、薛颠均以腿功身法著称。跟李存义比武不要有后退回旋的打算，只要一退，立刻被追上打倒，退无可退。

腿功是站桩站出来的，也是走出来的，唐维禄的徒弟尤其要走。早晨起来一走便是十里，两手背后，活动着脊椎，或带着点拳意。我们有时将"行意拳"的"意"

字省去，顺口地说，跟唐师学"行拳"。

唐师独到的兵器是判官笔，在形意门中，判官笔就是双枪，有一条胳膊长，枪头是圆的，练娴熟后再缩成一条小臂的长度。我特意打造了一对铜的，也不用点穴了，这种分量，不管捅在哪儿，人都得趴下。

双枪的技巧性比双刀要高，《说唐》《说岳》评书中打得瓦岗山、岳家军高挂免战牌的人，用的都是双枪。受这些评书影响，我当年练双枪的热情很高。

唐师一次来京，见我在耍判官笔，一下就火了，说："要跟他（尚云祥）学剑呀！学得到尚云祥的拳，学不到尚云祥的剑，就等于白来了北京。"

唐师还讲，人使用棍子是天生的本事，什么人拎着棍子都能去打架，而让他手里握把剑，便手足无措了，由此可见剑法的特殊。

我在尚门中名"李艺侠"，这是按照刘奇兰师祖定下的辈分字号所起的名字，比我晚一代的是"志"字辈。在尚门中学剑是隆重的事情，每天早晨起来要向剑磕头，名为"拜剑"。剑柄便代表老师，所谓"剑在如师在"。

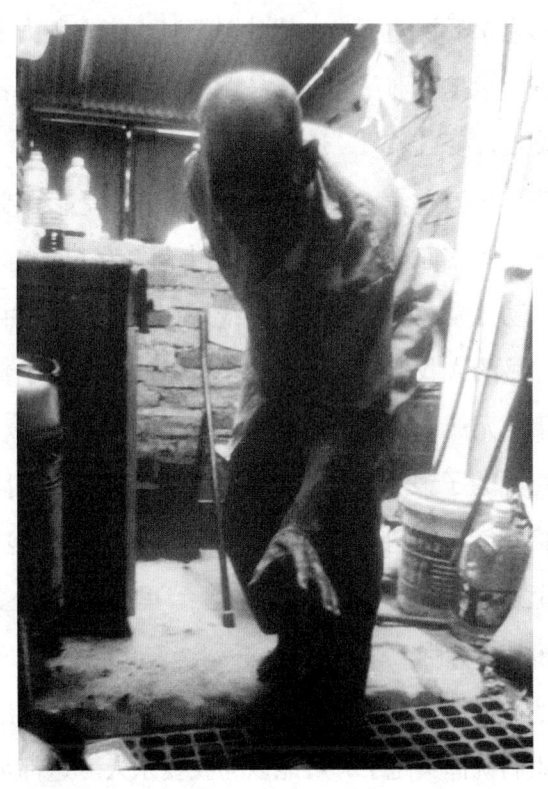

龙形搜骨

握剑时小指要虚钩，也算是对老师的一种礼仪。其实有内在道理，小指连通双目，小指紧张会伤目，有的人练形意拳后视力下降，就是握拳时小指太用力了，所谓"练形意拳招邪"的说法是无稽之谈，只是习者未得详细传授，妄自操习，违反了生理。

唐传形意与燕青门[陆]交好，这个情谊是李存义定下的。有一位燕青门前辈，是李存义生前好友（隐去其名），会铁裆功，爱在洗澡时表演，结果在澡堂子里招惹了一伙玩弹弓的人找他麻烦。他传来口讯要唐师援手，这也是他年老无徒弟的悲哀。

唐师为了锻炼我，要我去解决。因为要对付弹弓，我就将判官笔裹进包袱，一背上就去了。由于包袱重，在路上还遇上三个小强盗，我说："里面都是金条，咱们到树林里分吧。"

他们很诧异，但还是跟我进了树林。我一拿出判官笔，他们就掉头跑了，可能以为我要杀人。这都是年轻时做的调皮事。

唐师的名号在当时很有威慑，我约那几个玩弹弓的一谈,就解决了此事。开始他们欺我年轻,谈起来没完没了,我拍了桌子,还把茶壶砸了,他们就立刻表示不再闹了,骨子里是怕唐师的。

去之前唐师嘱咐我:"不要动手,要讲理。"但他们讲理就不会欺负老人了,跟他们讲理是讲不通的。

我在这位燕青门前辈家宿了一夜,他很善聊,说着说着便谈到了薛颠。他说薛颠是李存义晚年的得意之徒,不料却败在了师兄傅昌荣之手——俩人在一家酒楼上骤然交手,薛颠被一记"回身掌"[柒]打下楼去,一摔在地上便站了起来,什么话都没说就走了,一走就没了去向。

李存义逝世时,他生前的友人来吊孝,远道来的会多住上三五天,在国术馆学员的请求下,会在晚饭后表演功夫,其中一个身量极高的人身法快如鬼魅,将所有的人都镇住了。

他自称是李存义弟子,国术馆学员说:"师傅没教过这个。"他说:"我是薛颠。"然后当众宣布了向傅昌荣的挑战。

这种公然挑战,傅昌荣必须得接,否则便损了名声,但傅昌荣的友人看出了薛颠要以性命相搏，便将傅昌荣看住了（好像是八个人不让傅昌荣出屋子），然后去北京请尚云祥出面。

尚云祥以大师兄的身份对薛、傅二人说："你俩都是形意门中难得的人才，不要两虎相争。"然后与诸方协调，让薛颠当上了国术馆馆长。

我回来后，将这听闻对唐师讲了，唐师说，薛颠与傅昌荣原本交好，俩人借宿在关东营口的一家粮店，临睡前试了试手，傅昌荣突然发力，把薛颠摔了出去，窗框都撞裂了，薛颠深以为耻，便走了。

他躲进五台山独自练武，终于有了特殊的领悟。他向傅挑战后，不是有中间人去找的尚云祥，而是傅昌荣自己去的。薛颠的武功达到"神变"的程度，傅昌荣也一直在长功夫，绕着脸盆走一圈，脸盆里的水就旋起来，简直匪夷所思。其实他迈步看似极轻却极重，脚一落地便将脸盆里的水震荡起来。

这份腿功已是"举重若轻"的境界，一迈步便能伤

人，薛、傅的比武，真会必有一伤的。[捌]

我年轻的时代正当薛颠名声鼎盛，是绝对的大人物。随尚云祥习武后，我觉得功夫有了长进，当时薛颠在天津，便想去找他比武。

我把这一想法跟尚师说了，尚师没有表态，但过了几天，唐师便从宁河赶到了北京，将我训了一顿，说薛颠平时像个教书先生，可脸一沉，动起手来如妖似魔，是给形意门撑门面的大天才。

唐师训我时，尚师是回避在屋里的。院子中摆着南瓜。唐师用脚钩过一个，说："南瓜是死的，人是活的。你有多大力，也打不上薛颠的身。"

我后来在唐师的介绍下，拜薛颠为师。他的五官、身材皆为贵相，的确是练武人中的龙凤，所以知道他的死讯时，我非常震惊，他原本不该是那样的结局。

注 释

[壹]

1912年设立的中华武士会天津分会（也称天津中华武术会），是民初天津官方倡办的首个武术组织，改变了口授身传的传统模式，李存义为总教习，禁卫军统领冯国璋为发起人之一。

1927年，国民政府委员张之江发起，冯玉祥、于右任、蔡元培等人呼吁，于南京创立了国术研究馆，称"国术馆组设，原本救国之热诚，以期强种强国，而循至于民众均国术化"。1928年更名为中央国术馆，它是民国时期主管国术的中央行政机构。

省、市、县级国术馆（分馆、支馆）纷纷新设，馆长不乏由市长、县长兼任者。天津市国术馆的23个分馆中，至少有5个设在大经路附近。

李存义生前主管的武士会也以国术馆形式留存

下来，地址在河北公园内。薛颠后来接管的便是这所武馆。

[贰]

民国之初，武术便有国术之称，至1928年，中央国术馆正式将武术定名为国术，此后迎来中华武术界的"黄金十年"。

[叁]

摘自《曹继武十法摘要》，完整段落如下：

乃世之练艺者，多感于异端之说，而以善走为奇，亦知此拳有追法乎？以能闪为妙，亦知此拳有捷法乎？以左右封闭为得力，亦知此拳有动不见形，一动则至，而不及封闭乎？且能走、能闪、能封、能闭，亦必目有所见而能然也。

故白昼间遇敌，尚可侥幸取胜，若黑夜时，偶逢贼盗，猝遇仇敌，不能见其所以来，将何以闪而进之？不能见其所以动，将何以封而闭之？岂不反误自身耶？唯我六合拳（形意拳），练上法、顾法、开法于一贯，而其机自灵，其动自捷，虽黑夜之间，而风吹草动，有触必应，并不自知其何以然也，独精于斯者自领之耳。

[肆]

尚云祥弟子靳云亭著作，其中有靳云亭几十张拳照。

[伍]

形意门人观前辈高手练武后的赞誉，其文如下：

昔日刘奇兰练的龙形搜骨，起似蛰龙升天。宋世荣练的蛇形拨草，如常山蛇阵，首尾相应。刘维祥练的鸡形四把，其劲刚柔曲直，纵横环研，闪展伸缩，变化无穷，极轻灵而又极沉实，两足落地无声，却一步踏碎一块大方砖。马礼堂所演练的形意拳神形相合，纵横往来，按中有提，提中有按，动作旋转，循环无端，并无一丝刚劲之气。再如郝家俊的形意拳，练出来的架子融融合合，纯任自然，无形无象，不偏不倚。

[陆]

又称秘宗拳、迷踪拳、迷踪艺。沧州市区、郊区所传陈善支系多称燕青拳，其他支系多称秘宗拳，实为异名同源拳术。霍元甲练的便是此拳。

[柒]

八卦武学根基"老八掌"之一。老八掌为单换掌、双换掌、顺势掌、转身掌、回身掌、撩阴掌、摩身掌、揉身掌。

[捌]

整理此文时，某唐门传人来电言：

薛颠最初是随李存义一个周姓弟子习武,后来才得到李存义亲传,长了辈分。唐维禄很早便认识薛颠,非常投缘。当时薛颠还是低辈分,见唐维禄是持师侄礼的。薛颠向傅昌荣公然挑战后,薛、傅二人都分别找唐维禄商量(傅昌荣住在邻近县城,是唐家的常客)。

薛颠来到唐家,给唐维禄练了一趟拳,算是对自己十年苦练的汇报。唐维禄看出薛颠对傅昌荣有杀心,就说:"你俩一动手就不是比武了,要不我代替他,打败了我就算打败了他。"

薛颠是爱面子的人,就不好再坚持了。其实薛、傅比武在唐维禄这里就已经拦下了,请尚云祥出面,只是为了此事能够收场,因为在武林中的影响太大。

关于薛、傅的结仇,在天津地区流传的说法是,薛颠在关东有一座武馆,傅昌荣把武馆踢了,当时薛颠大愧,武馆也不要了,空着手就走了,一走十年。

唐家尊李仲轩老人为师爷,此唐门传人也随着李老的文章,谈了一些桩功体验:

站桩要"流血",不是假想血管中血在流,而是站桩一会儿后,自然能体会到一种流动感,似乎是流血。

在这种流动感中,身上有的地方顺畅,有的地方异样,便缓缓转动,或是抖一抖,直到整体通畅。此法能治病,出功夫也是它。以外在的形体调整内在的机能,也算是对"形意"二字的一种解释。

总为从前作诗苦

形意拳能练到什么程度?唐师跟我打比方,说从悬崖峭壁跳下,快撞到地面时,用手在石壁上一拍,人横着飞出去了,平安无事。与人较量时,一搭手能把对方的劲改了,这个本领算好的。还有更好的,在自身失控时,能把自己的劲改了。比武,失控的时候多,都是意外,得把这手学会了。

这手功夫不是跳悬崖跳出来的,是练大杆子练出来

的。形意的杆子厉害,杆子有丈二长,等于是张飞的长矛,名为"十三枪"。[壹]

所谓十三个用法,其实胡乱一抢,就都有了。练大杆子得乱来,扎一枪有一枪的讲究——这不是入手的方法。

大杆子要挑分量沉的,三人高的,还要有韧性,劲一使在杆子上,杆子活物般自己会颤,越不听使唤就越是好杆子。

拿上杆子,人会失控。沉、长、颤,都是为了失控。杆子失控了,会带着人走,这时正好改自己身上的劲,改好了,杆子就在手里稳住了。练杆子跟驯服烈马一个道理,得先让杆子撒野,杆子不听你使唤,反过来还要使唤你,你也不听它使唤——这个过程要尽量长,在杆子上求功夫,最后这功夫都能落在自己身上,一开始就想着怎么使,让它乖乖的,就没的玩了。

让根死木头,变成活马,这个练法是老辈人的智慧。炮拳是从十三枪的"扎"法里变出来的,炮拳后手架在脑门,前手斜刺,正是下扎枪的架势。形意拳动起来,辗转不停，永远有下一手，下扎之后必有回弹，下扎枪的下一手，是就着回势上挑。

炮拳出手后，要向后一耸，就是上挑的枪法，所以炮拳里有两个家伙，明显的是下扎枪，隐藏的是上挑枪，一个在形上，一个在劲上，以下扎的拳形来上挑，所以才妙。炮拳要到杆子上去体会——这是以后的事情，那时候，便要扎一枪有一枪的讲究了。[贰]

我年轻的时候，在唐维禄的弟子中算是耍十三枪较突出的。这是我练武的根基。练枪练的是拳劲。

枪劲就是拳劲——在某种程度上，也可以这么说。练枪为了出拳劲，但出了拳劲，拳劲就比枪劲美妙。这美妙是因为融了脑子，练枪得肌肉劲快，得灵感劲慢。向上求索时，不管是有形的还是无形的，这杆枪我们都不要了。

形意门的怪事不敢讲。年轻时，我一度住在丁志涛家。在那时，唐师给我们表演过追火车。就是让我们坐一站的火车，唐师说了："我抄近道追你们啊。"

等我们到了，见唐师在火车站等我们呢，摇着扇子，

炮拳变势

身上没汗。能抄的近道，我们都想了，抄上也不会那么快。我和丁志涛都不敢说话了。

唐师腿快，交手步法[叁]是唐传形意的独到处。步法粗分为横、纵、斜、转，要擦地而行，越是脚不离地，越能变化，凭空一跳，变化就没了。练拳和比武时，感到憋闷，就错了，两脚一跳，好像痛快，跳多了会感到非常不痛快，就是憋闷了。不要轻视形意拳的小步一蹭，难看是真难看，巧妙也是真巧妙。

传说练形意的人能踏着荷叶过池塘，这是神话，但也把练功的方法比喻在里面了。荷叶杆轻、脆，只有一点韧劲，脚下要很细腻，去找这一丝仅有的韧劲，在一根丝上借劲。

横拳的练法，是斜着进一小步，横着退一大步，横拳等于是倒着打的，正好练这"踏荷叶"，脚伸在地上，要感到踏在荷叶杆上，只有一根丝能支持，要用脚的肉感，把这根丝探测出来。

不敢踏，轻也不是，重也不是，脚底板最嫩的皮肤和这根丝一糅合，一星点水花似的，有那么一星点弹力，

横拳变势

人就弹开了。脚底板是练形意人的脸面，娇嫩着呢，什么时候感到脚底板会"脸红"，才算上道了。

练形意要养成"上虚下实"的习惯，上身永远松快不着力，功力蕴藏在下身。

上身如天，下身如地，这就符合自然了。电视里练拳击的外国人，上半身太过紧张，该虚的地方实了，在中医讲，就是病态。而形意功夫出在腿上，符合自然，所以不伤身，不劳神。

也别把"上虚下实"理解偏了，站桩时刻意地把全身重量压在两条腿上便不对了。"实"是充实有内涵，不是死硬。所以劈拳里的"前脚外撇的大跨步"，非常好，能把两条死腿弄活了，把体重转化成活泼的劲。

世上永远是强者影响弱者，交战步法的原理也如此。你的步法强了，能影响别人，别人不自觉地一学你，就败了。模仿是人的天性，养狗的人像自己的狗，养猫的人像自己的猫，张三总和李四聊天，最后张三脸上出现了李四的表情，李四带上了张三的小动作，都是不自觉地模仿。比武时，情急之下，人的精神、动作都更容易失控，一受惊，就模仿对手了。

电视里猎豹追羚羊，猎豹受羚羊影响，随着羚羊的步子跑了，便永远追不上了。比武的情景很像"拍花子"（诱拐儿童的迷魂术），脑子太容易迷了，脑子一迷，就跟小孩似的，随着坏人走，受对手控制了。就看你能不能让别人模仿你了，练形意的要有自己一套，不去稀罕别人。

强，指的是能有自己的节奏，这种节奏不是跳舞般外露，而是潜在的。劈拳是形意头一个功，从开始便要练这种潜在的节奏。

这种潜在的节奏，是从呼吸里出来的，要以步法练呼吸。形意拳是歪理，处处和别人相反，别家练拳是"外向"的，形意练拳是"内向"的。

别家打拳，出拳时使劲，呼气越猛出拳越猛。而形意不练呼，要练吸。出拳时不使劲，很轻很缓地比划出去就行了，这样的动作，必然令呼气很轻很缓。而在收拳时，要使劲，吸得猛一点。用动作的"轻出重收"，来自然造成呼吸的"轻呼重吸，长呼短吸"。

这是以动作来改呼吸，主要由腿来完成。劈拳是只进不退的，腿上的"轻出重收"，体现在收拳时腿部让人看不出来的后颤上，劲收腿不收。

劈、崩、炮的基本型都如此，而钻、横的基本型就把这个"重收"耍在动作上了，钻拳是进一大步退一小步，横拳是进一小步退一大步。而在变化形中，劈、崩、炮都有退步法，最有名的是崩拳的"退步崩"了。

也许形意在打法上是只进不退，但在练法上是"不求进步，不断退步"的。这样练拳的好处大了，练武时练吸，等真比武时，就没有吸气只有呼气了，你一吸气就有了破绽。要连续不断地进攻，连续不断地呼气，你一口都呼出去了，便没有后劲了。

形意的雷音[肆]，在练法上是养生之道，在打法上是一种特殊的呼气法，用于连续战斗。真比武，生死都不管了，哪还顾得上吸气？达不到雷音境界的人，在比武时鼻腔也哼哼，这是强迫自己呼气，没有办法的办法。

练法和打法往往是反的，练的东西，在打时呈现出来一种反面效果，真是恰到好处。按照"轻出重收"[伍]

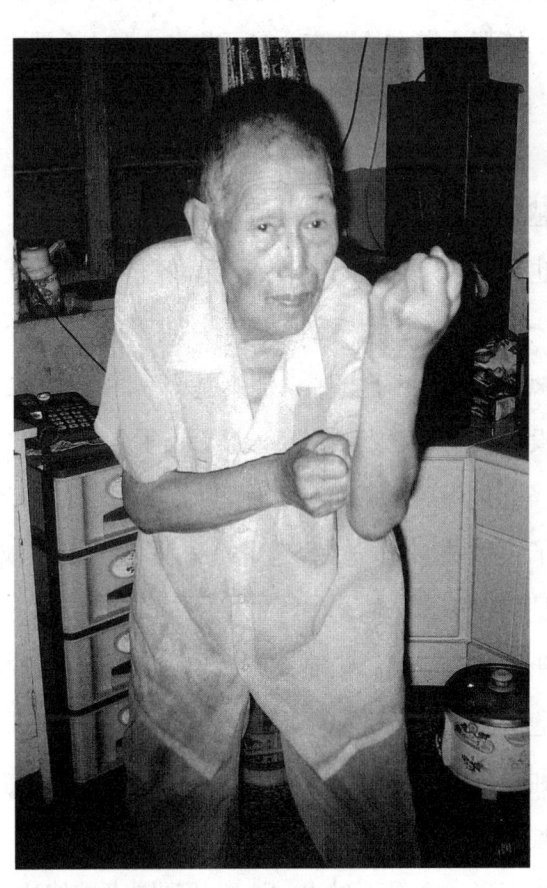

劈拳进步

来练五行拳，你就有了自己的节奏，五行拳是一个动作一条直线地打下去，无限重复，不是为了"一招熟"，是为了练那个潜在的节奏，有了节奏，人才会越来越强。

"轻出重收"时，每个人和每个人还不一样，总有差别，越练就越和自己的天赋、形体般配，所以练形意拳是越练越有自己。有了自己，人就越来越强。

也因为有了自己，容易上瘾。不能随便教人形意，否则一上瘾，整个家当赔进去了。"眼镜程"[陆]有个师弟，叫刘凤春[柒]，一下上瘾了，他本是个小本买卖人，结果买卖没心做了，赔光了家当，最后当了乞丐。

当上乞丐后，反而有了时间，但练成了，更不想做买卖了，只好投奔师兄。程廷华一看，觉得："挺好，难得。"结果是程廷华养着他。

唐师是个农民，没有家底，年龄又大，怎么也没理由是他练出来。唐师只是上瘾了，李存义不收他，他也一天到晚待在国术馆，日后能不能吃上饭，都不在乎了。这时候，人不想未来的，一塌糊涂。

李存义实在看不过去，让唐师到国术馆传达室，做

程廷华 (1848—1900)

收信和邮寄包裹的事，能领一份钱，可唐师又不识字，真是没法办。但唐师一天到晚乐呵呵的，自己不识字，就请教别人，问明白了这是谁的信，就挺高兴的，跑着给人送去。

这么一个糊涂人，人缘还挺好。后来，唐师是烧水、搬运，什么活都干了，什么都不计较了，也是难得糊涂，结果李存义手把手教的没练出来，这个跟着混的却突飞猛进了，赢得了李存义的另眼相看，正式收唐师做了徒弟。

老辈人都经历过一段颠倒岁月，从大辛酸里爬起来的，只是当时不知道是辛酸，傻乐呵地就过来了。

注　释

［壹］

太极门、形意门中均有十三枪，名目不一，有为"沾缠绞拦，披崩拖挂，横扎抖架挑"，有为"点扎崩拨，开合劈缠，带撩滑截圈"，形意门则以五行、十二形拳配枪，以"扎、拦、拿"一式三法，构成一个"扎"字，另十二字为"抽勒印舔，蹬挑喂叫，抖提盖点"，扎字为君，十二字为臣。

［贰］

枪法俗话：

你枪扎，我枪拉，你枪收，我枪发。枪是缠腰锁，虚点难招架，圈里风波圈外看，你绕我也绕。去如箭来如线，扎枪要扎机。中平枪，枪中王，闪法拉法鬼难防。

辰时使枪日在东，站住东方好用攻；午时使枪日在南，勿叫太阳迎双眼；酉时使枪日在西，站住西方见高低；六月使枪迎风进，腊月使枪顺风行。

[叁]

步法，步法有寸步、垫步、快步、剪步是也。如三尺远，寸一步可到，即用寸步。如四五尺远，即用垫步。快步者，起前足，带后足，平走如飞，并非踊跃而往也，犹如马奔虎践之意也，非意成者，不能用也，紧记远处不发足。倘遇人多或有器械者，则连腿带足，并剪而上，即所谓踩足二起，鸳鸯脚是也。善学者，随便用之，总不可执，习之纯熟，用于无心，方尽其妙。

上法以手为妙，进法以步为先，而总以身法为要。起手如丹凤朝阳是也，进步如抢上抢步、进相踩打是也。必须三节明、四梢齐、五行蔽、身法活，手足步连，内外一气，然后度其远近，随其老嫩，一动而即至也。妙其方法有六。六方者工、顺、勇、急、狠、真也。工者巧然也；顺者顺其自然也；勇者果断也；急者紧急快也；狠者不容情也，心一动而内劲出也；真者发心中得见之真，而彼难变化也。六方明，则上法、进法得。

[肆]

形意拳特征为龙腰、熊膀、鹰捉、虎抱头、雷音。雷音为一种特殊发声。

[伍]

出拳轻，收拳重。

[陆]

程廷华（1848—1900），字应芳，河北省深县程村人。八卦掌宗师董海川弟子，在北京崇文门（哈德门）外花市上四条，以制镜为业，江湖人称"眼镜程"。其掌法的特点是屈腿淌泥，横开直入，拧翻走转，舒展稳健，劲力沉实，刚柔相济，善摆扣步，以推、托、带、领、搬、扣、劈、进见长，螺旋力层出不穷，拧裹劲变化万千。

[柒]

刘凤春（1853—1922），字茂斋，河北涿县人。制卖翠花为业，江湖人称"翠花刘"。董海川弟子，技艺多由师兄程廷华代授。

别来几春未还家

李仲轩老人一生没收过传武的徒弟,晚年有幸《武魂》给予了一片言语的天地。据李老子女回忆,1984年,李老在中科院家属院做看门人。一位中国科学院的同志要为李老出书,被李老谢绝。

也由这位中科院同志联系,一位拳术名家之女寻访到李老,最终在中科院同志陪同下,以"形意同门同辈"的身份,在北京八角南街八号楼和李老会面。

她邀请李老加入她所在的武术协会,出山教拳,李老婉言谢绝,说:"过去的事,不想谈了。"那位中科院同志仍健在。

1988年,李老一位师傅的子女来京寻找李老,李老因某种原因,没有相见。唐维禄的徒弟褚广发辞世前,托人来京寻找李老,因地址有误而未找到。

李老说,唐维禄在北京南河沿地区有名誉,当年崇拜者很多,但他没和南河沿的人交往过。唐维禄说过:"谁敢说自己会什么呀,形意拳,我就不会。"——李老以此为座右铭,说在练武上,没有适可而止的事。

笔者听说李老的祖师刘奇兰以"龙形搜骨"闻名[壹],就问"龙形搜骨"是什么意思,李老说"龙形搜骨"不是龙形,就是劈拳里前脚外撇的大跨步,说这个步子开天辟地,打通三盘,调理百骸,是成就身子的关键。有步子有功夫,没步子没功夫,这个步子就是内功。

还说形意拳没有龙形步,龙形也是蛇形步,他见过所谓的"龙形步",前腿盘地时伸展出去。李老说,形意的腿法一伸即缩,不会摆出个伸小腿的亮相,前腿还是要像蛇形般拢住收住。

只撇脚不展腿,撇脚的打法是别住敌人的脚,但也是在擒拿时较从容的情况下使用,情况紧急一拳见生死时,就用不上了。撇前脚的大跨步,主要是练法。

唐维禄是在步子上出的功夫,李老说唐师走路,步步一样长度,比尺子量得还准。左步和右步一样,每步都一样,这说明身体已经高度协调。找着了两只脚也就找着了功夫,溜达时练的是这个。

前脚外撇的大跨步是形意的大步子,还有个小步子,就是崩拳步。崩拳步很微妙,步子只是向前,两膝盖是挤着的,但腿根里夹着活的动势,稍稍一调,就能随时随意地转向、转劲。所以崩拳微妙。

李老说:"唐师看上了我,我得唐师的东西容易。但,得师傅的东西容易,自己有东西就难了。"说他们这一支对岳飞[贰]较忽略,主要是拜达摩[叁],可能因为达摩是禅宗祖师,代表悟性吧?

整理薛颠的象形术时,笔者问"象形"是什么意思,李老说后面还含着两个字呢,整话是"象形取意"。形意拳这一脉的功夫不但是形质上的东西，还有神气上的东西。

象形取意——这四个字太金贵了，汉字是这么发明的，琴棋书画都是搞这个东西。明白了这个道理，山川江河、日月星辰都能入到拳里，象形术尤其能入鸟兽。

笔者当时觉得这是高谈阔论，李老就笑了，说象形取意是真事。说每个人刚一练拳的时候，都本能地要找个"窝"，找个自己喜兴的地方练。喜兴这地方，练起来带劲。以后喜兴上哪儿就在哪儿练，这份喜兴就是在象形取意，是人不自觉的行为。

练形意的老派做法是，刚开始练时，不管日里夜里，一定要对着东方练，这是死规定。太阳从东方升起来，东方生机勃勃——这也是在象形取意。按这个死规定练起来，得了好处，就明白了。

人听戏会受感动，在天地万物中也会受感动，有感动就有功夫。一感动，拳架子里头的东西就不一样了。到时候，琴棋书画、山河美景、禽兽动态都可以借来入象。练武人学了文化，能比文人用得还好，都能用在身上。

唐诗也是象形取意，练形意，练得诗兴大发似的，就对了。

李老还嘱咐，说象形取意得含含糊糊，不是想画面，想画面想得太清楚，会上火。模模糊糊地有点意思，一动笔好诗就出来了，这点意思的动力大。到时候，肌肤爽透，比洗热水澡还舒服，体内"嗖"的一声，热气、凉气打在一起，上伸下缩的，太阳穴就鼓了。

再往后，突然一下，人张不开口了，也喘不上气了，牙咬得很紧，上压下顶的，拔也拔不开——这个时候好处就来了，五脏六腑、筋骨皮肉起了变化，雷音出在此时。

声音上也是象形取意，后面就是随着雷音定境界了，比眼见的湖光山色还要妙。雷音不知道从哪儿发出来的，此时嘴巴根本打不开，所以雷音没法练，是自然而生的。

在校二十四法[肆]时，也要象形取意。光讲"发顶"，身子灵巧了，但还觉得欠，师傅说一句："要有凌云之志。"一下就不同了，觉得妥帖了，得了东西。

打劈拳，架子对了，一收一放循环往复的动势有点意思了，师傅说一句"如雷音滚滚"，功夫立刻就妥帖了。所以二十四法需要玩味，要把无趣的变得有趣，这是形意的练法。自修象形术,尤其要懂得往自己身子里补东西。

李老说,审时度势是人杰,他佩服关羽。"温酒斩华雄"时,华雄收了兵,此时关羽单枪匹马闯进华雄的军营,小兵们没反应过来,觉得刚打完,不知道关羽来干吗,就没拦。华雄此时已经下了马,关羽骑在马上一刀就把他劈死了,然后趁乱一溜烟出了敌营。

过五关斩六将,基本都是瞅个冷子就一刀。赵云七进七出,张飞大喝长坂坡,这是血勇,关羽没那么威风,但他的脑子太厉害了,时机把握得真好,能这么省时省力。把他评为武圣的人,太有眼光了。

鲁智深拳打镇关西,镇关西是屠夫,鲁智深假装买肉,让镇关西切了一包又一包,先把他累了个半死再打他。与人交手就要这么有心计,所有的流氓无赖都是这么干的。关羽杀华雄,是投机取巧,但他一个人闯敌营,是大勇,能算出来小兵们心理的盲点,是大智。比鲁智深的档次高多了。

光有武功还是吃亏,得有脑子,地痞流氓的心计得知道。李老说他年轻时在天津,陪夫人丁志兰看戏出了事。丁家虽是屠夫，但男女都很漂亮，李老的兄长见过丁志涛，说英俊有派头、稳重讲礼节。

丁志兰那晚被地痞盯上了，李老夫妇上了黄包车，他们还跟着。李老发觉后做了打架的准备，后来想："何必打架？"他会说当时警察的行话，于是喊了几句警察行话。拐了一条街，地痞就散了。

李老说功夫大，不会审时度势，说明功夫还不行，功夫真大了，审时度势上便会强人一筹。关羽不是没有张飞的实力，是在此情此景下，没有必要。唐维禄为人和气实在，一动手比谁都贼，脑子和眼光胜人一筹，比武就不费劲了。

李老说，日军侵占京津时期，唐维禄在京津两地往返，夜里手拎灯笼，避开关卡走野地，有时快成一条线，由于走得多了，沿途设卡的伪军远远见了，就知道是唐师傅来了，他们不开枪。

笔者当时问："要是开枪呢？"李老说："开枪了也打不着。以前开过枪，枪一响，唐师傅就有了办法。"

注 释

[壹]

"神拳"李洛能有八大弟子：刘奇兰、宋世荣、车毅斋、郭云深、白西园、张树德、刘晓兰、李镜斋。其中刘奇兰以身形、宋世荣以内功、车毅斋以顾法（防御法）著称。落实在十二形演练上，刘奇兰的龙形搜骨、宋世荣的蛇形拨草、车毅斋的游鼍化险，均为一代绝技。

刘奇兰拳论摘要：

形意拳之道无他，不过变化人之气质，得其中和而已。余幼练八极拳，功夫颇深，拳中应用之法术，如搂肘、定肘、挤肘、挎肘，等等之着法，亦极其纯熟，与人相较，往往胜人，其后遇一能手，身躯灵变，或离或合，则吾法无所施，往往拘守成法而不能变，尚疑为自己功夫不纯之过也。

其后改练形意拳，习五行生克应用之法则，以前所用之法则，而时应用，无不随时措之宜也，亦无入而不自得也。因此始知形意拳是个中和之体，万物皆涵育于其中矣。

[贰]

据说形意拳学是发现了岳飞的残缺遗书后据之创立的。由于岳飞是民族英雄，借岳飞之名有利于形意拳的广泛传播，也符合形意拳"强种强国"的宗旨。因此这种说法被广大武术家所接受，流传至今。

孙禄堂著《形意拳学》《拳意述真》，刘殿琛著《形意拳术抉微》，姜容樵著《形意母拳》，薛颠著《形意拳术讲义》等，对岳飞创立形意拳的传说予以肯定。如刘殿琛写道："形意拳术一门为最合军用，盖该拳为岳武穆所发明。"

而徐哲东在其《国技论略》中指出："形意拳家言，形意拳传自岳飞，其事终出于依托。盖形意拳家借岳飞以增重也。形意拳是否岳飞之传,亦可疑也。"最早提出了"伪托说"。

[叁]

据说形意拳创自北魏时来我国传教的印度僧人菩提达摩。因达摩开创的禅宗在中国民间有深入影响,所以中国的民间社团多拜达摩为祖师,也许形意拳门人是受风气影响。

1928年,凌善清在《形意五行拳图说》"形意拳之源流"章节写道:

六朝时,天竺僧达摩始挟其所谓西域技击者来传之于中土,于是北方之强者群起而趋之。今犹有所谓达摩拳、达摩剑等流传于世,而形意拳亦其一也。

达摩所传者,意在于摄生,而技击次之。形意拳者,其名译自梵音,其旨即在于养气……寺僧有得其一体者,复兴中国固有之武技融会而错综之,超逾腾踔,以之胜人。于是始有所谓少林拳者名于世，而去达摩所传之意亦日愈远。

北宋时有张三丰者，隐武当为皇冠，究心达摩之术者若干年，得其玄奥，乃尽弃少林之成法，而一以练气为主。有从之者，即授以形意拳以为练习初步。成效既著，学者蜂起，世人遂名之曰"内家"，而称少林为"外家"，而形意一拳，至是亦遂为内家所专有矣。

1930年，徐哲东著《国技论略》、唐豪著《少林武当考》，均指出达摩与武术无关，张三丰传习形意更属虚构。

[肆]

形意拳有八须：顶、扣、圆、毒、抱、垂、曲、挺。每一须对应人体三处，合计为二十四法。

拳式站定，此八须具备焉，皆所以蓄力养气，使敌我者无所措，此亦五行拳特有者也。

三顶：头上顶，有冲天之雄，手外顶，有推山之功，舌上顶，有吼狮吞象容。

三扣：肩扣，则气力到肘；膝胯扣则全身气凑；手足指掌扣，则周身力厚。

三圆：脊背圆，其力摧身；前胸圆，则两肘力全；虎口圆，则勇猛外宣。

三毒：心毒如怒狸攫鼠，眼毒如观兔之饥鹰，手毒如扑羊之饿虎。

三抱：丹田抱气，气不外散；胆量抱身，临事不怯；两肘抱肋，出入不乱。（另一说为三敏即心敏、眼敏、手敏是也。）

三垂：气垂则气降丹田，肩垂则肩能摧肘，肘垂则肘能摧手。

三曲：两肱宜曲，曲则力富；两股宜曲，曲则力凑；手腕宜曲，曲则力厚。

三挺：颈挺则精气实顶，腰挺则力达四肢，膝挺则有弹力。

第三编 尚门忆旧

尚云祥（1864—1937），山东乐陵人，李存义弟子，武林名号为『铁脚佛』。天生矮小，以才智突破身材局限，终成一代宗师。义和团在河北天津地区抗击八国联军时，随李存义入战场杀敌、在北京巷战。中日战争前夕，将形意门刀技传授京津部队。

入门且一笑

李仲轩在宁河受了唐维禄拳术、医药、道法（形意拳是内家拳，以道家为归旨，所以有医药、内功）全部的传承，是唐的传衣钵弟子。

唐维禄在口传形意拳古歌诀时，有"虎豹雷音"一句，并没有详细解释，李仲轩以为是对敌时大喝一声，震撼敌人心神的作用，也就没有多问。

之所以忽略，因为唐维禄在教拳时不许发声。一次李仲轩练完拳，趁着一股高兴劲儿，唱了两句京剧，被唐维禄一顿臭骂，危言说练拳就是练一口气，一张口便白费了。而且精气神都在这一口气里，不求化在体内，反而大口大口唱出去，是在玩命。

由于唐维禄定下练拳不许说话的规矩，使得李仲轩对发声有了成见，不会再多想。李仲轩对唐师的规矩十分信服。因为有切身体验，形意拳练一会儿后就能感受到体内气息蒸腾，随意张口确有"泄气"之感。

至于如何将这口气化在体内，唐维禄教授，练完拳不能立刻坐下，要慢慢行走，转悠几圈自然会有熏蒸、淋浴之感，很是神清气爽，久之心智可以提高。所以习武要有练有化，收式与起式同样重要，甚至练完后溜达的时间比练拳的时间还要长。

对于形意古歌诀，唐维禄是先整个说出来，令李仲轩背诵，日后再分节讲解。由于练武要靠实践，程度到了方能有悟性，唐维禄有的讲解十分清楚，有的讲解李仲轩便听不明白，似乎唐维禄也有难以说明之苦。

到分节讲解时，唐维禄说到"虎豹雷音"，李仲轩问：

"是吓人用的吧？"唐维禄连忙说不对，而是通过发声来长功夫——这便与唐维禄"练拳不许说话"的规矩违背了，李仲轩就问是何道理，唐维禄说他的师傅李存义有言"要想功夫深，需用虎豹雷音接引"。不过得功夫达到一定程度，方能有此妙用。

李仲轩追唐维禄的话茬儿，说："既然不是一声怒吼，是个练功方法，练功方法总是具体的，还望老师说明。"

唐维禄感到很是为难，想了一会儿，带李仲轩到了宁河的一座寺庙里。见左右无人，在院中悬钟上轻轻敲了一下，悬钟颤响。唐维禄让李仲轩将手按在钟面上，说："就是这法子。"

李仲轩仍然不解，唐维禄说："李存义老师当初就是这么传给我虎豹雷音的，我没有隐瞒你的，是你自己明白不了。"此事就此搁下。

唐维禄为自己的徒弟能够深造，后来让李仲轩转投尚云祥门下，李仲轩因此从宁河到了北京。李仲轩家中在北京有亲戚，当时由于时局紊乱，许多北京人迁居南下，所以北京有许多空房，房租空前的便宜。李仲轩在亲戚家住了些天，便租了间房子，留在北京专门习武。

由于脱离了宁河的大家族宅院式的生活，在北京胡同中与各色人等杂居，李仲轩对许多事都感到新鲜。当时胡同里有一位姓严的先生，是账房的会计，一手算盘打得十分高明，闲时在院子里将马扎一支，教左右的小孩打算盘。

也将李仲轩吸引过来，就跟着学了，不料后来他自己的职业就是会计。当年玩儿一般学会的算盘竟成了终生吃饭的本事，不由得感慨命运的因果奇巧。

严先生教李仲轩算盘时，问道："我原以为你们练武之人，总是手指粗粗，满掌茧子，没法打算盘，不料你的手指比女人还细，一个茧子都没有。"李仲轩说："我们内家拳不靠手硬打人。"

当时唐维禄从宁河到北京看徒弟，躺在李仲轩租的房里歇息，听到严先生与李仲轩在院子里说话，就笑眯眯地走出来，两手一伸，说："严先生，我的手也是一个茧子没有。"

唐维禄在宁河镇周边的农村里种地为生，可他的手

尚云祥（1864—1937）

不但没茧子,而且很小,一点没有重体力劳动的痕迹,严先生就感到更奇怪了。唐维禄说:"但我的手很有劲。"[壹]

说完张手在院墙上一攥,便将妇女们绑晾衣绳的钉子拉了下来,然后不往原来的钉孔上插,而是错开钉孔,手一拧,钉子就进了砖里。严先生看得目瞪口呆,连说:"开眼,开眼。"

唐师表演了这手功夫,使李仲轩对形意拳的内涵更为向往,急切地想在北京期间能有长进。但虽经过正式拜师,每次去尚云祥家,尚云祥并不教什么,总是跟李仲轩闲聊,一副"来了个朋友"的样子。

李仲轩知道自己拜入尚门,完全是唐维禄的撮合。尚云祥虽对李仲轩有过观察判断,毕竟不太了解。他的闲聊,是在摸自己的性情。于是放开了,什么话都跟尚云祥说,将这段时间当做去做客,相信有一天终会得到传授。

一日,在尚云祥家时,尚云祥有个朋友来访。此人身体不太好,有胸闷头晕的毛病,听别人说读经文可以去病,便请了本经日日读诵。可经文难懂,一费心思,似乎胸闷得更厉害了,便来问尚云祥有没有健身的方法。

尚云祥说:"练拳更加费心思,我看你这只是体虚,找正经大夫,吃药慢慢调理,比什么都好。"

那人走后,尚云祥跟李仲轩继续聊天,聊了一会儿,话题就转到了那人身上。尚云祥说:"其实有一个方法可以治病,正是读书,不过要像小孩上私塾,不要管书上是什么意思,囫囵吞枣地一口气读下去,只要书写得朗朗上口,总会有益身心。但咱们成年人,不比小孩的元气,大声读诵会伤肝,要哼着来读,不必字字清楚,只要读出音节的俯仰就行了。"

李仲轩问:"这是什么道理?"尚云祥答:"没什么道理,我看小孩们上学后,马上就有了股振作之气,对此自己乱琢磨的。"

李仲轩又问:"为什么不把这法子教给您那位朋友?"尚云祥说:"那人生活不如意,精神萎靡,才令身体困顿,重要的是无思无想,不能再动什么心思,我就不用这法子招惹他了。"

这话题一谈也就过去了。几日后,李仲轩忽然由读书法想到，虎豹雷音会不会也在声音上有一番玄妙？便去问尚云祥。尚云祥用一种很怪的眼神看了李仲轩一眼，说："虎豹雷音不是练的，想着用它吓敌，尽管去练，练多了伤脑，人会疯癫失常的。"

李仲轩问："可唱戏的不也练大声吗？"

尚云祥："嗨！可他们不练拳呀。"

从此李仲轩再也不敢问虎豹雷音了。与尚云祥彼此熟悉后，尚云祥开始传授武功，所教与唐维禄时有不同。李仲轩心中奇怪，表现在脸上。尚云祥察觉后，笑道："我教的是我这一套。"

李仲轩连忙借这话茬儿，将唐维禄用敲钟传他虎豹雷音的事说了。尚云祥听完，说："没错。"李仲轩说："您那一套是什么？"

尚云祥笑道："你真会挖东西。好，哪天打雷告诉你。"李仲轩以为尚云祥是在用玩笑话敷衍，不过也一度天天盼着下雨，但多天没下雨，尚云祥也不再说什么，只好专心练武，不去妄想了。

那时尚云祥邻居家的猫生了窝小猫，有只小猫一个月了,两只耳朵还没竖起来,跟小狗似的耷拉着耳朵。尚云祥觉得它可爱,虽没要来养,却常抱来玩。

一天,李仲轩去尚云祥家,见尚云祥坐在院子里用个小布条在逗猫,就坐在一旁。见李仲轩在等,尚云祥逗了几下便不逗了,将猫抱在怀里,闭着眼捋着猫毛,似乎在出神。

过了一会儿,忽然说:"你没见过老虎、豹子,我也没见过,可猫你总见过吧?其实聪明人一听虎豹雷音这名字,便知道是怎么回事了。"

尚云祥说,猫跟虎豹是一样的,平时总哼着"嗯"的一股音响个不停。李仲轩从尚云祥手中接过猫,果然听到了猫的体内有"嗯"声在轻微作响,而且抱猫的两手上都有震动。

尚云祥解释,练拳练到一定程度,骨骼筋肉都已爽利坚实,此时功夫要向身内走,就是要沁进五脏六腑。但这一步很难,就要用发声来接引一下,声音由内向外,劲力由外向内,里应外合一下,功夫方能成就。

尚云祥最后总结:"所谓雷音也不是打雷的霹雳一

声,而是下雨前,天空中隐隐的雷音,似有似无,却很深沉。"然后示范了哼"嗯""嚯"两个音。

离尚云祥传授虎豹雷音的时刻,已过去六十余年。李仲轩老人回忆当年的情景,打趣地说:"如果没有一只耷耳朵猫,还真听不到虎豹雷音。"

注　释

［壹］

形意拳不用蛮力，另有十八力，如下：

永力：动久不变，如张弓然。

反力：忽然全变，如弛弓然。

摄力（柔中含刚）：挽之使近，如右手控弦然。

拒力（吸化劲）：推之使远，刚柔不入，如左手持弓然。

总力：能任辟重，如杠杆之倚点然。

折力：能分条段，如尖劈之斜面然。

转力：互易不穷，如滑车然。

锐力：曲而能入，如螺丝然。

速力：往来飞疾，如鼓琴而震颤然。

动力：阻制驰散，如游丝之节动然。

拧力：两短相违，如绞钢而成绳然。

超力：一瞬即过，如屈钢条，而使跃然。

钩力：逆深至隐，如饵钓鱼，时擒时纵然。

激力：强异争起，如风浪鼓，乍生乍灭然。

弹力：骤起击压，无坚不摧，如弩括突矢，突矢贯扎然。

决力：临机立断，自残不恤，如剑锋宜陷，剑身亦折然。

偏力：不低即昂，不令相平，所以居己于重也，如锥、杵然。

平力：不低不昂，适济其平，所以息物之争也，如悬衡然。

师是平淡人

在尚师的子女中,我学拳时只见过尚蓉蓉一人,一直以为她是独生女。那个时代封建,男女授受不亲,尚师家来人多,尚师忌讳人跟他女儿说话。尚蓉蓉的文化水平比我高,听说是在东四九条上的小学,又上了中学,但没有上完。我只是个小学毕业。

一天,我去尚师家,见几个十来岁的小孩缠着尚蓉蓉,说:"小姑,别人要这么打我,该咋办?"尚蓉蓉说："不怕，这么来。"和这帮孩子在院里玩上了。尚蓉蓉的出手很快，跟小孩比画不敢带劲，变招巧妙。她对那帮孩子说："开始打拳砰砰砰，这不对，砰砰砰之后的东西妙着呢。"我看了一会儿，知道她得了尚师的武学，这也是我见尚蓉蓉时间最长的一次。

尚师不指望她与人比武争名声，因为女子天性有股温柔，不像男子比武下得了狠手，所以对付一般练武之人绰绰有余，但在性命相搏时，女人天性上就吃了亏，尚师只是希望她能将自己的武学继承下来，流传后世。

师母姓赵，我没问过名字。尚蓉蓉长得像师母，不特别漂亮，但顺眼大方。师母左腿有点瘸，不是天生的，而是后天摔的。我叫师母，而尚师的徒弟单广钦叫"妈"，他与尚师情同父子。

我在尚门中和单大哥交情好，由于我学拳的后半阶段是从天津往北京跑，和别的师兄弟就交情浅了。

尚师家是东厢房三间，厢房比正房矮，但尚师家有电灯，不是尚师有钱了，而是单广钦有心。那时同在尼姑庵住的邻居安了电灯，尚师家还是点煤油灯，单广钦说:"咱不能比旁人差。"给尚师家安了电灯。

与尚师同院的邻居中,没有卖艺卖苦力者,多为做小生意的,还有文化人。我是进了尚师的院门,就自己要求自己规规矩矩,别人不与我搭话,我也不与人攀谈。

我从天津来都是吃完午饭再去尚师家,尚师说:"远来是客。"不让我太拘束,让我中午在他家吃,说得多了,我就吃了几次,都是鸡蛋炒大饼。

那时一个警察一个月九块钱,尚师一个月可能有三块钱。我习武,我父亲非常反对,但我母亲王若南是支持我的,她对我说:"文人就是斗心眼,武将才是真本领,国家有灾要靠武将。"

没我母亲的支持,我是学不下去的。她的太爷王锡鹏[壹]在浙江定海被洋人的炮弹炸得只剩下一条腿,她小时候听过"鬼报喜"的事,就是王锡鹏阵亡后,家里人极度悲伤,幻觉中觉得有人说:"老爷又升了。"结果王锡鹏死后真给升了一级。

我姥爷王燮[贰]在八国联军进北京时因抵抗被洋人杀害,有人说他是被押到德胜门给点了天灯,其实是砍了头，我母亲说入葬时没有脑袋，做了个铜头，外界说是做了个金头。

那个时代哪有那么多金子？慈禧太后赏王家女眷，也不过二十个金扣子。我的二姥爷王照协助光绪变法，慈禧杀人时，他剃光头扮和尚逃到日本方捡了条命。

尚师是瞅着我是忠良之后，才收的我，我立下了不收徒的誓言，尚师管我叫"小李子"。

尚师话很少，唐师能和尚师聊起天来，但不管说多久，也只是谈拳，很少说闲话。尚师、唐师都是平淡和善的人，见人来了笑脸相迎，令人感到愉快。

尚师和师母住三间东厢房靠南的一间，不睡火炕睡木床，房里西墙上挂着一幅一尺来长的达摩像，是墨笔画，镶在镜框里。

房里有张六仙桌，三个抽屉，带铜把子，有一个抽屉是任何人都不能动的，其中有一本李存义写的《五行拳图谱》。那是窄本线装书，尚师只有一本，唐师也只有一本，唐师的这本书传给了我，但我因生活动荡而遗失了。

我能有习武的心也是因为受了辱。我十五岁的时候，想到北京见世面，通过亲戚介绍，在北京王府井大街的东路"天津中原公司北平分销场"做了售货员，这在我家是降身份的事，但我父亲在南京与人做生意赔了钱，家里一度困窘，父亲很消沉，不管我了，我也就来了。

这个销售场是两层楼，卖百货，规定工作人员不准赌博不准打架，否则就开除。一天下雨，销售场的后门在胡同里，下班时较拥挤，许多人没伞都拥在过道，我有伞便往前挤，结果后面人一推，我就挤了前面的人，那人还没打上伞就给挤到雨地里了，他回身就给了我一巴掌，撑上伞走了。

我觉得很屈辱，就跟他一直跟到了长安街的公共汽车站。那时是有轨电车，电车开过来时，我扑上去将他脑袋按在铁道上，说："我要跟你同归于尽！"其实傻子才跟他同归于尽呢，我是真气急了，但还有理智，半撒气半吓他。

他讨饶，我放开他。他和一个相好的同事抡着伞打我，我也回打，结果我们的雨伞都打坏了。他后来到警察局告了我，说我要杀人，结果我被关了一夜。

想到销售场的规定，我想："与其让人开除我，不如自己走。"其实这份工作是我北京的亲戚介绍的，他有面子，我再闹腾也不会开除我。但我觉得我闹事，首先对不起他，心中有愧，就不再去上班，就这么丢掉了我的第一份工作。

没了工作，只好回家，正碰到唐维禄的大弟子袁斌要教我，就此结识了唐师。津东大侠丁志涛比我年长，但我是他师兄。袁斌教我时，唐师总来看，也就指点了我，只是还没有正式拜师。那时丁志涛仰慕唐师，求拜师多次，唐师都不答应，嫌弃丁志涛是杀猪的，说："白刀子进去红刀子出来，这种人狠，不能教。"

丁志涛就求我，在我的劝说下，唐师才收了他。

结果一收，发现丁志涛练功非常刻苦，资质又好，很快成就了武功，而且没有任何仗武欺人的事，还总帮弱者打抱不平，唐师很满意。

但丁志涛最终自杀而死，他不对别人狠却对自己太狠。点穴是高功夫的人的事，尚师、唐师都能点穴，丁志涛也练到了点穴的程度。一次我和他试手，他一下点在我身上，我觉得身上腾地一下，赶紧一抖，算是没有被他点上。

尚师、唐师教过我点穴，但那时我程度不够，实做不出来，拜师薛颠时正处于武功的上升阶段，也是在此时通了通点穴。此次仅简略谈谈，为读者破除一点神秘。点穴的高手在八卦门中有一个，武功与程廷华相当，绰号"煤子马"，卖煤球的，我不记得他的姓名了，老辈人都很敬重他。

薛颠有《灵空上人点穴秘诀》一书，上面都是药方子，实际上没有讲点穴。此书的贡献是将武家的药方公开了，功德无量，但由于年代久远，今人的身体素质、饮食习惯已经和那个年代的人迥异，所以买了此书的读者还是要找专业中医人士请教，方能实践此书上的药方。

武家的药方是一宝，同时也是师承的见证。唐维禄的后人来访我，我将李存义传给唐师的五行丹连并几个药方都写给了他，保证了唐师武学在唐师后人中能够完备传承，算是报了一份师恩，同时也将薛颠的桩法写给了他。我是就事论事，如果论严格传武，不会这么轻易。

我是1915年生人，薛颠提倡桩功，在记忆中大约是在民国四年（1915）的时候，他当上国术馆馆长后，桩功就成了国术馆的早课。站桩容易领悟拳学，薛颠说桩功是方便，这是实在话。

但真正神奇的是，尚云祥练武入迷，以神作拳，行住坐卧都是这个，这是上道的东西，不是入门的技巧。李存义和尚云祥通站桩，但他俩平时练功就是五行拳，很少站桩，只是可怜徒弟不长进，方教站桩。

站桩与打拳最关键的要点是一个，对这个要点没体会，练拳不出功夫，站桩也照样不出功夫。这就是"桩法能融入拳法中，拳法能融入桩法中"的道理。

尚师对我启发最大的话是："不要力胜，要以智取。"这是被许多评书话本说烂了的话，在尚师口中说出，却一刹那令我体会到武术的另一层面，比武时顾不上算计谋略，但练武其实是在练心智。

对于交手的大原则，唐维禄总结为："身子挂在手上，眼睛盯着根节，冷静。"手上要挂着身体一二百斤的分量，拳谱有"追风赶月不放松"的话，追上敌人容易，身子能追上自己的手，就难了；肩膀为根节，敌人要有作为，肩膀必有征兆，练武人练出眼力容易，养成明察秋毫的习惯，就难了；而最难的是冷静，必得练功夫练得开了智，方能冷静。

首先点穴不是点得人一动不能动，而是一动就痛苦，不舍得动；其次，点穴不是追着认穴追着点，那样一辈子也点不了人，点穴的要诀就是成语"适逢其会"，自然而然地，在你来我往中刚刚好能点上穴就是了。追着点穴来不及，得等着点穴。

点穴不是点上去的，也不是打上去的，而是撞来的。顺着敌手的劲戳住了，顺手在哪里就是哪里。懂了形意拳的高级打法，也就是懂了点穴，形意门中现精通此术者应该尚有，因为传了高级打法必传点穴。

点穴的手形是剑诀，食指和中指叠在一起。如何练指力？不是戳木头、沙袋，而是劈抓，形意拳古谱中有"三顶"的要诀，其中有指顶，指顶有推出之功，如何练到指顶？

不是指头坚挺就是指顶，得把古谱上的"三弓、三抱、三垂、三挺、三圆、三摆、起落钻翻要义"[叁]都练到了，方能成就指顶，也就有了点穴之力。所谓"一有全有，全有方能一有"。

唐师介绍我拜了尚、薛二师，介绍徒弟廉若增拜入张鸿庆门下，张鸿庆也是赌术高手，他赌博的搭档叫任廷裕。我在向张鸿庆求教期间，他偶尔带我去打麻将，一次我输得太惨，就对他说："您捞捞我吧。"（接我的牌，帮我赢回来。）他说："我不管，你找任廷裕。"

任廷裕笑了，教了我一点赌术技巧，我一看，原来赌博和比武一样，都得眼明手快。麻将总是在桌面上胡噜来胡噜去，而任廷裕想摸哪张牌就能摸到哪张牌，其中的道理，跟认穴一样。

至于解穴，只要一个人会了点穴自然就会了解穴，揣摩着点上去的劲，反方向一拍，就解了穴。点穴的奥妙不在指头，不在中医经络图，而在打法。这只是粗浅地将点穴的原理讲出来了，增长一下读者的见闻而已。

注　释

[壹]

第二次鸦片战争定海保卫战，六天六夜的血肉相搏，将士尸体相枕，王锡鹏、葛云飞、郑国鸿三总兵同日殉国，竹山顶上建有纪念他们的三忠祠。

[贰]

王燮，字襄臣，一字湘岑，宁河人。诸生，袭骑都尉世职，历官京城左营游击，加总兵衔。殉难。有《秦园诗钞》。

[叁]

起者，钻也。落者，翻也。起为钻，落为翻；起为横，落为顺；起为横之始，钻为横之终。落为顺之始,翻为顺之终；头顶而钻,头缩而翻；手起而钻,手落而翻；足起而钻,足落而翻。腰起而钻,腰落而翻；起横不见横,落顺不见顺。起是去,落是打,起亦打,落亦打,打起落,如水之翻浪,是起落也。无论如何,起落钻翻往来,总要肘不离肋,手不离心。此谓形意拳之要义是也。知此则形意拳要道得矣。(摘自孙禄堂《形意拳学》)

按五行十二形之起落钻翻横竖数字,学者最容易模糊,即教者亦未易明白指示。盖一手悠忽之间而六字皆备焉。谱云："起横不见横,落顺不见顺。"又云："起无形,落无迹。"言神乎其技者之巧妙无踪,受之者与观之者,俱不能知其所以然也……

窃谓：手之一动为起,由动而直上为钻,钻之后腕稍扭为横,由扭而使手之虎口朝上时为翻,即至虎口完全朝上,则为竖矣。至竖而近于落矣,然又未必能遂落也,或离敌稍远,再以手前去而逼之,此前出之时即为顺。谱中钻翻横竖起落之外,又有落顺不见顺之顺字,即此也……

如谱云:"束身而起,藏身而落。"此即一身之伸缩变化而言也。"起如风,落如箭,打倒还嫌慢",又即一身与手足击人而并言之也。

又云:"不钻不翻,一寸为先。"盖敌已临身,时机迫促无暇钻翻,且不及换步,则将何以功之乎?曰:在手直出。但手直出,周身之力又恐不整。故以寸步为先,寸步者,即后足一蹬,前足直去,惊起四梢,如此则浑身抖擞之力,全注于钻翻之手,敌人始能仰卧数步之外。以上皆顺字效也。(摘自刘殿琛《形意拳术抉微》)

把臂话山河

严格说来,形意拳古规矩是不准带艺投师的,而且还有个理想说法,师傅和徒弟的年龄最好相差十五岁。因为体操可以从小练,练拳必须等待十五岁时骨骼基本长成后才可以练,当然把武术当体操练的除外,那是没得真正传授,光比画胳膊腿的。

但徒弟十五岁,师傅三十岁,正是他要建功立业的时候,实在忙不过来教徒弟,而且师傅在三十岁时不见得功夫就能成就。就算成就了，毕竟是尚且年轻，心态不见得成熟，难以对徒弟有体贴的指导。

而老了以后，对武功的体验更深，说一句话便有准，但又有一弊，就是人老心也老，江湖阅历深了，凡事都有防人之心，教徒不见得会尽心，十句话藏三句，许多当徒弟的就是在这种拖延的考验中坚持不住，终于没有学成。

另外，练武体会深，知道的歪路多了，不敢乱说话，以免徒弟误会，练歪了，所以肯定缺乏三十岁的热情，讲得不会特别生动，跟老人学拳要有耐心。

之所以不准带艺投师，一是怕别人教过，有别的居心，因为师徒关系的感情很深，好似父子、君臣，以带艺投师为名，来为以前的师傅报仇，不是没有这种可能。

二是一旦学过拳，身上的那股劲就很难改了，再学新拳往往练不纯粹，就算教了，也难教出来，所以收徒弟都要收什么都没练过的白丁，有俗话讲"不怕多能就怕白丁"，意思是白丁学拳，功夫纯，往往厉害。

由于许多拳师都是老了以后才考虑收徒弟，这一段时间便错过了许多人才,练武之人都是十几岁就练,因为再大就不好练功夫了,遇上一个资质好的人很难,更何况是在他十五岁的时候遇见,所以也往往不太严格,只要是这个资质,带艺投师也是可以的。

但毕竟是破规矩,所以前一个师傅与后一个师傅之间要交接得很清楚,中间有礼法的,如果只是当徒弟的自作主张要投另一个老师,就是欺师灭祖,会遭唾弃,没人会收他。

李仲轩拜师尚云祥,是唐维禄的主张,为了他能够深造,在拜师仪式时也是先向唐维禄磕头,再向尚云祥行拜师礼的。李仲轩老人在讲解尚式形意时,总要先自述曾向唐维禄学拳,表明自己的学拳轨迹,这是武林的礼法,以示不忘本。

虽然唐维禄与尚云祥是同门师兄弟,都是李存义的徒弟,是同一个架势,但尚云祥有尚云祥的精细。

拳不能以风格来评说,因为武术不是表演,说其刚猛或含蓄,都离题太远。要从心法上说,才能区别出究竟,可惜心法又是不外传的。

李仲轩老人说："尚云祥话不多，对徒弟才话多，尚云祥的话余味多。"由于时常能有感悟，总觉得自己能破茧而出，感到自己即将对形意拳的认识能有个突破，只是不知契机会在尚云祥的哪一句话头上。

一天中午，李仲轩去尚云祥家。尚云祥中午几乎不睡觉，李仲轩也没见过他睡觉。但他听单广钦师兄说过，一个夏天，一个徒弟从窗户外见到尚云祥睡觉，有寺庙里卧佛的宁静气派，生起恭敬之心，心里感慨："跟着尚师傅，就能学出真东西。"

这时尚云祥一下就醒了，说："我这个人睡觉时不能让人看，人一看，就醒。"徒弟觉得打搅了师傅睡觉，很是过意不去，尚云祥笑道："咱们练武的人练的就是这个。"

这未知先觉的本事，李仲轩问过尚云祥，尚云祥说："简单，有人走到你身后，你就回头瞪他，心里也瞪。"李仲轩刚揣摩这道理，尚云祥便问："遇敌好似火烧身，这火是烧在敌人身上还是烧在自己身上？"

这句话的意思是将敌人比做火焰，告诫比武时要出手快收手也快，应该是烧在敌人身上，但尚云祥说烧在自己身上。

李仲轩那次中午去尚云祥家，是在屋里谈的拳，尚云祥坐在木床上，一下抓住李仲轩胳膊，一摇，带动李仲轩整个身体在晃，李仲轩一下子给惊住了，尚云祥就叹了口气："你是个老实孩子，我这么抓你，就不知道还手呀？"

李仲轩学武的时间已有几年，其间也跟人比过武，突然受到袭击，身上自然会有反抗，可是在尚云祥手里像个小孩似的，挣扎了几下，仍由他摇晃。

尚云祥放开他后说："一拳打出去很有力量，但被人擒住就没劲了，是什么原因呢？什么地方没劲，就烧在什么地方，你是练拳不练根节呀。"

在形意拳歌诀中讲到三节[壹]，对于上肢，三节是腕、肘、肩，根节是肩；对于下肢，三节是脚脖、膝盖、大腿根，根节是大腿根。有所谓"三星齐，泰山移"之说，三星就是三节，比喻三节整合，力可移山。

李仲轩向唐维禄学拳时，唐维禄回答："三节是不能练的，你要整个地练拳劲，脑子里不要想三节，否则陷于一处，就练不出功夫了，等练出了功夫，三节就整了。"

古拳谱上也没有让人练三节，只是让人"齐"三节。尚云祥并不是让人练根节，人身是个整体，想单练根节也不可能，只是提醒人，练拳时劲力要走（经过）根节。一个"走"字和一个"练"字，差别的确很大。

然后尚云祥给李仲轩矫正了炮拳。形意拳的根基是五行拳，配合金、木、水、火、土，有劈、崩、钻、炮、横五种拳法，其中与火相配的是炮拳，取开炮的意象，练一股突发力。

据李仲轩老人讲，"爆炸力"[贰]是形意拳传统的说法，而不是某个人的发明。

炮拳前手横架在眉前，后手由面门径直打出去，攻击敌人面门，取开炮的意象，称前手为炮架，后手为炮弹，后手的出拳路线是直的，而且要有股爆炸力（开始练时可先从弹力[叁]入手）。

但炮拳有多种练法，还有一种炮拳，后手不是直的，而是斜着撇出去，要与曲线旋转的步法相配合，尚云祥给李仲轩矫正的就是这一炮拳。

李仲轩便问为何有如此不同，尚云祥觉得这种炮拳更能让人有劲力经过根节的感受。尚云祥随后又打了另外四拳，都很不同，看得出都是功在根节，然后尚云祥比画了更多的变化，略微一动，就是一种。

李存义传崩拳时说，崩拳自古有九种变化，再往深里说，变化又岂止有九种？炮拳也一样。

打炮拳时，后手不直线出击，而斜着撇出去，正是"遇敌好似火烧身"，就像往火堆里滴一滴油，不是一股火苗跳起，而是整簇大火都跳起，炮拳就是令全身劲力跳起，劲力不在最外的手上，而在内里的根节，手随着根节升腾起的劲力挥出。

尚云祥说："你看过开炮没有？开炮的后坐力很大，就是这个意思。"修习了尚云祥的根节炮拳后，尚云祥嘱咐李仲轩："这种练法出拳劲快，等有了功夫，后手直着出去、撇出去，一样。"

李仲轩老人当年在尚云祥身边学艺，一次碰到尚云祥别的徒弟来，说自己也收了徒弟，尚云祥说："对那些小辈的人，刚开始要把五种拳法都教全了，练上一段时间后，就要总问他们对哪个拳架有感觉，问得多了，逼着他们去体会。如果有感觉，就集中在一个拳架上往深里教，一通方能百通。"[肆]

虽然尚云祥名声在外，但没有一个明确的拳路示人，因为学形意拳是要师傅教徒弟一个对一个地带出来的，就算写成文字全部公布，要没有实际练拳的体会，也难以明白，而且在教拳时有时做一个表情、一个动作，就能让徒弟搞懂，而转化成文字则难度太大。

注 释

［壹］

何为三节？举一身而言之，手臂为梢节，腰胯为中节，足腿为根节是也。分而言之，三节中又各有三节。

如梢节之三节，则手为梢节，肘为中节，肩为根节；中节之三节，则胸为梢节，心为中节，丹田为根节；根节之三节，则足为梢节，膝为中节，胯为根节。

皆不外起、随、追三字而已。盖梢节起，中节随，则根节要追，三节相应，不致有长短曲直之病，亦无参差俯仰之虞，所以三节贵乎明也。（摘自《曹继武十法摘要》）

［贰］

起落钻翻中的爆炸力：

起似伏龙升天，落如霹雷击地。起无形，落无踪，去意好似卷地风。起不起，何用再起；落不落，何用再落。低中望为高，高中望为低，起落如水中翻浪，不翻不钻，一寸为先。

［叁］

起落钻翻中的弹力：

起如钢剉，落如钩竿。起者去也，落者回也。未起如摘星，未落如坠月。起如箭，落如风，追风赶月不放松；起如风，落如箭，打倒敌手还嫌慢。足打七分手打三，五行四梢要齐全，气连心意随时用，硬打硬进无遮拦。

[肆]

李存义言：

一形不顺，不能练他形，一月不顺，下月再练，半年不顺一年练，练至身体合顺再练他形，非是形式不熟悉，亦是内中之气质未变化耳。一形通顺再练他形自易通顺，而其余各形皆然，一气贯通。拳经云：一通无不通也。

所以，练形意者勿求速效，勿生厌烦之心，务要有恒，作为自己一生始终修身之功课，不管效验不效验，如此练去，功夫自然而成。

使我自惊惕

尚云祥有脚裂砖石的绝技，施展过几回，从此便落下"铁脚佛"的名号。但尚云祥对这个称呼很不喜，认为是"年轻时得的，只能吓唬吓唬外行"。

李仲轩拜尚云祥时，尚已是个老人了，慈眉善目非常平和，他先教站桩，名"浑圆桩"，就是两脚平行站立，双手胸前一抱。

李仲轩随唐维禄学过更为复杂吃劲的桩功，往往一

站就一两个小时，双手一抱就太过简单，以至于不知该在身体哪个部位吃劲。[壹]

没料到在尚云祥面前站了一会儿后，尚云祥说了一句非常奇怪的话："你抱过女人没有？"但是这句令人大窘的话却使李仲轩隐隐约约有所感悟，浑身一松，尚云祥说："对了。"

当时有许多形意拳师将五行十二形的拳招拿来站桩，而尚云祥只让门人站"浑圆桩"，甚至连形意拳最基本的桩法"三体式"（就是劈拳的架势）都不让站，说过"动静有别"[贰]的话。

李仲轩在宁河时，青年里有一种游戏叫"踢地球"，就是将一个铁球在脚底下搓着玩，像杂技一样，十几个人围成一圈，传到谁，谁便来一段技巧。当时李仲轩也把铁球带到北京，一次尚云祥见到他玩"踢地球"，便说这游戏可以练身手，让他每天玩玩自有好处，然后又说可以将铁球握在手中，在胸前画圆，眼神要跟上，能调周身气血。

李仲轩从此一手一个铁球（右手十八斤，左手十七斤），先开始只是觉得手上会多一把力气，不料每次练完都觉得双腿柔腻腻的，不久后觉得两腿像双手一样敏感，整个躯体有种"通透感"。

后来知道这种功夫是形意拳内功之一，叫"圈手"，古传原本是空手的，只有尚云祥加上了两个铁球。

尚云祥还有一种训练叫"转七星"，就是在院子中按照北斗七星的曲线，钉上七个木桩，让人绕着桩子打拳，打什么拳他不管，就是让门人体会群斗时，四面八方来敌的处境，关键在步法。至于绕这七个桩子该用什么步法，他也不管，甚至还说插桩子也可以不按照北斗七星，随便什么形状都行。

"转七星"是形意拳自古就有的，李仲轩一次像练八卦掌似的将"七星"转得又圆又平，尚云祥就说："练拳一惊一乍的不行，动手得一惊一乍，心里要有数。"[叁]

尚云祥青年时代结识了八卦掌名家程廷华，程很赞赏尚云祥的天资，为了共求武学真理，便将八卦掌的口诀传给了尚云祥，后来尚云祥将程派八卦掌传给了几个门人，程派八卦就在尚门中有了隐秘的一支。

尚云祥没有一招一式地教过李仲轩程派八卦掌，因为拳路毕竟和形意不同，所以也不鼓励李仲轩学，但常说起八卦掌。

尚云祥说八卦就是教人"送"，八卦像推磨，凡推过磨的人都知道，要想将谷物磨得细腻，直愣愣地推肯定不行，手上的那股劲得把磨杆"送"出去，送得"平、圆、悠、远"，还要送出一股向下的碾劲，这股另有的劲叫做"留"。

八卦掌便是有送有留，这不是靠站桩就能站出来的，所以八卦门人不站桩，都是在运动中求"送""留"。

尚云祥以腿功著称，但是对于腿部并没有什么特别的训练，或者像他人想象的有什么运气法。脚裂砖石的奇能，是功到自然成。

尚云祥教授腿击法时主要是传授"十字拐"，一种正面蹬踢的动作，还有就是燕形。燕形是一种腿击法，连环的侧踢，又名"二起脚"。有正有侧，尚云祥也就不多教了，除非门人有具体问题来问。

李仲轩当年对于腿法的用劲感到很困惑，总觉得腿一踢，浑身的劲便不"整"了，而且觉得腿击除了富有隐蔽性外，速度和灵活都比不上手，尚云祥回答："腿击法是身法的发挥，所以练腿先练身。"

尚云祥说他师弟中，身法肆最好的是薛颠。当时武林中传说，薛颠有一次表演，抬了条长凳放在中央，打第一拳时他在条凳的左边，打第二拳时他已到了条凳的右边，他是以极快的速度在瞬间钻过条凳的，眼力稍差的人看不清他具体的动作。

观者皆震惊，这形同鬼魅的身法，交手时根本无法招架，有几个想跟他比武的人就退了。

薛颠的身高有一米八几，气质文静，很像教书先生，是当时支撑形意拳门庭的重要人物，他继承了师傅李存义强调实战的做派，一生公开比武。由于李存义、薛颠两代实战的号召力，使得形意拳得到极大的推广，还在大城市中印书公开传授。

但由于公开的只是招法，形意拳的口诀是要面授口传的，又由于人们比武求胜的心理，许多人学形意拳都是在学格斗法，对于深一层的道理不求甚解。

当时武林有"练形意拳招邪"的说法，因为许多练形意拳的拳师，一上年纪，腿脚就不好，甚至短寿，还有年轻小伙子练了几个月形意拳，身体亏损得很厉害，神经衰弱、肾虚各种毛病都出来了。有人便认为是招邪了，但念经符咒都没用，身体仍一天天坏下去。

李仲轩当年曾问是何原因，尚云祥解释："形意拳是内家拳，练的是精气神，练功的时候应该把精气神含住，但很多拳师都在练打人，将精气神提起来，一发劲都发出去了，还能不短命？不明白动静有别，身体当然出毛病。"

尚云祥还说过，俗话讲"太极十年不出门，形意一年打死人"，学形意拳的都在学"打死人"，最终把自己打死了。然后告诉李仲轩，打太极要带点形意的充沛，打形意要带点太极的含蓄。

李仲轩老人讲，形意拳的练法、打法、演法（表演）的口诀都是不一样的，但现在弄混乱了，用打法去练功，用演法去比武，这是当年形意拳公开传授后留下的弊病，但按照旧的武林规矩，许多东西又是不能公开的，所以是个左右为难的问题，有待后人去解决。

曾有一个徒弟难以克服比武时的心神慌乱，听到佛法中有"定力"之说，就向尚云祥问起，尚云祥说："定力就是修养。"并解释，练武先要气定神闲，能够心安，智慧自然升起，练拳贵在一个"灵"字，拳要越来越灵，心也要越来越灵。练功时不能有一丝的杀气，搏击的技能是临敌时自然勃发，造作杀心去练拳，人容易陷于愚昧。

李仲轩老人对尚云祥的记忆是：尚云祥没有一般练武人身上逼人的气势，但双眼清亮，一举一动都显得悠然自得，令人自然升起崇敬之心。这种特殊的气质，是因为他的拳法能涵养身心。

注 释

[壹]

李存义论站桩:

若是诚意练习,总要勿求速效。一日不和顺,明日再站,一月不和顺,下月再站。因三体式是变化人之气质之始,并非要求血气之力,是去自己之病耳(指拙气、拙力之病)。所以,站三体式者,有迟速不等,因人之气质禀赋不同也。

[贰]

李存义言:

形意拳以静为本体,动为作用,寂然不动,感而遂通,是化劲练神还虚之境。明暗二劲,是体用兼备。先将周身四肢松净,神气内敛,提肛实腹,气沉丹田;拳式中之刚柔曲直,纵横捭阖,起落进退之法，练则为体，较则为用。

[叁]

李存义言：

拳经云：静为本体，动为作用，寂然不动，感而遂通。化劲练神还虚之用，暗劲之体用是将周身四肢松开，神气缩回则沉于丹田，内外合成一气，将两目视定彼之两目或四肢，自己不动而为体也。

若是发动刚柔、曲直、纵横、环研、虚实之劲，起落进退，闪展伸缩变化之法，此皆为用也。此是与人相较之时分析体用之意义也。

若论形意本旨之体用，是自己练蹚于为之体，与人相较之时按练之而用之为之用，虚实变化不自专用，因彼之所发之形式而生之也。

[肆]

身法有八要，起落、进退、反侧、收纵是也。

起落者,起为横,落为顺。进退者,进走低,退走高。反侧者,反身顾后,侧身顾左右也。收纵者,收如猫伏,纵如虎放也。大抵以中平为宜,以正直为要,与三节法相贯,不可不知。

功成无所用

唐维禄文化程度不高,人却很文雅,平时总是懒洋洋的,拿着个茶壶一溜达能溜达一天,性子非常温和。

他教拳遵循古法,要在没人的地方教,树林里都不行,必须周围有墙,完全与外界隔离,不准第三双眼看。

这么一个没人的院子,不太好找。李仲轩想了半天,觉得只有母系家族的祠堂合适,平时无人去,便在祠堂里学拳。有一段时间,师徒二人吃住都在祠堂。练的时候只能一人，连师傅也不能看的，有疑问了，才演示给师傅求指点，而且只许在晚上练。

唐维禄说："想在人前逞能，得在旮旯受罪。"后来唐维禄以前的徒弟总到祠堂来，李仲轩的家人便有了意见，唐维禄就不再来了。

唐维禄家在农村，离宁河镇有段距离，李仲轩便总是赶到唐维禄家学，有时十来里路一会儿便走到了，而且人越来越精神，觉得没走够。

他把这种感受对唐维禄讲了，唐维禄说："形意拳又叫行意拳，有个行字，功夫正在两条腿上。"然后给李仲轩讲了个故事。

唐维禄的师傅是李存义，李存义当国术馆馆长时，一天有个人背着口大铁锅来了，将锅往地上一放，跳到锅沿上打了套拳。可想其换步该有多快，腿功了得。

他表演完后对李存义说："不知李馆长能不能做到？"李存义说："此种技能接近杂技，得专门练，你的腿功如果真好，跟我比比赛跑怎样？"

两人说好，相隔两丈远，一喊开始，那人就跑。如果他跑出十步，李存义仍未追上，就算输了。

不料那人一起步，就被李存义推倒，好像俩人紧挨着似的。连续几次都是如此，最终那人背着铁锅羞愧地走了。

此人没留下姓名，三十几岁，被国术馆学员们称为"老小伙子"——有了这件事，国术馆学员们知道了形意拳腿功厉害，就肯老老实实练功了。

唐维禄说："你走远路来学拳，走路也是练功夫。"李仲轩去得就更频繁了，即便有时唐维禄不教什么，也觉得来回走一趟，很是舒服。

有时在宁河镇里突然就碰上唐维禄，原来是唐维禄来教徒弟了，两人在大街上边走边聊，聊几句唐维禄就回去了，十几里路跟邻居串门一般。

李仲轩拜师尚云祥后，询问尚云祥："唐师只让我一个人练，不能让人看见，说是古法，这是什么道理？"尚云祥回答："没什么道理，不搞得规矩大点，你们这帮小青年就不好好学了。"

年轻人喜好神秘，李仲轩也觉得这么练形意拳，跟瞎子走路一样，不在拳、腿，而在全身，晚上更能体会这味道。

一次，尚云祥带着李仲轩去访一个开武馆的朋友，武馆里有许多学员在练武，李仲轩就小声对尚云祥说："他们这样练不出功夫来吧？"尚云祥很严厉地瞪了李仲轩一眼。

离开武馆后，尚云祥说："这么一帮人一块儿练武，得真传的徒弟就混在里面。"李仲轩认为他们都没正经练，问怎么看出来的，尚云祥说："白天练拳，眼睛要有准星，形意拳总是一束一捉，食指尖和小指根来回翻转，眼光不离食指、小指，全神贯注，这是白天练拳的方法。"

李仲轩便省悟到昼练夜练截然不同，白日练眼，晚上养眼，都是提神的方法，形意拳的关键在于神气。

练拳的人喜欢看别人打拳，不见得在琢磨，如同写书法的人喜欢看别人写字，即便是看小孩写字，见笔墨行在纸上，也觉得是一种享受。

尚云祥就很喜欢看徒弟练拳，练好练坏无所谓，他也不指点，看一会儿就觉得很高兴。他自己从不在人前练拳，却像京戏票友般，特别爱看人打太极拳、八卦掌。

对于八卦掌，他年轻时得过八卦名家程廷华的亲传，可是即便是个刚练八卦掌的人，他也能一看就看上半天。尚云祥在一次看李仲轩练拳时，兴致很好，忽然说："其实俗话里就有练武的真诀。"

他说武林里有句取笑形意、太极、八卦姿势的话，叫"太极如摸鱼，八卦如推磨，形意如捉虾"——说到这，尚云祥就笑起来了，说："我有别的解释，太极如摸鱼，要如手探到水里般，慢慢而移，太极推手正如摸鱼般要用手'听'，练拳时也要有水中摸鱼的劲，有这么一点意念，就能练出功夫来了。"[壹]

"八卦如推磨，除了向前推，还要推出向下的碾劲，八卦掌一迈步要有两股劲，随时转化，明白了这两股劲的道理，就能理解八卦掌的招数为何千变万化。"[贰]该说形意拳了，尚云祥却不说了。

隔了几天又看李仲轩打拳，李仲轩当时对古拳谱"消息全凭后脚蹬"有了领会，正在揣摩全身整体发力的技巧，打拳频频发力，很是刚猛，尚云祥打断他，说："动手可以这样，练拳不是这样。"

他说练形意拳时，要如捉虾般，出手的时候很轻快，收手的时候，手上要带着"东西"回来，这"轻出重收"四字便是练拳的口诀，千金不易。

有一次尚云祥看人练拳看得高兴，两手抱在额前，浑身左摇右晃，节奏上好像在跟着练拳的人一块比画。李仲轩就问他："老师您在干吗？"

尚云祥答道："练练熊形！"

形意拳有十二形，从动物动作中象形取意而出的拳法，极为简练，一式也就一两个动作。在十二形之外，还有一式叫"熊鹰合形"[叁]。形意拳的所有招式都起源于它，但传授时往往最后才教，也往往只说"老鹰俯冲，狗熊人立"，是一俯一仰两种动态连贯。

个别拳师还有独立的熊形、鹰形，其架势与合演中的熊、鹰略有不同。李仲轩问："您这也是熊形？"尚云祥笑了，说："我这个熊形与众不同，好像狗熊靠在树上蹭痒痒。"

见李仲轩一脸诧异，又说："你不是喜欢发力吗？功夫上了后背才能真发力，有人来袭，狗熊蹭痒痒般浑身一颤，对手就出去了（震倒了）。"

与唐维禄一样，尚云祥也是一散步就是一天，喜欢到繁华的地方去。李仲轩说："唐老师喜欢到有树有草的地方去。"尚云祥说："我有我的道理呀。"

马路上人很多，人人走的方向都不同，正好练"眼观六路"，而且视线打开了，心态也会随之开阔，尚云祥逛一圈繁华闹市，心情反而会很轻松。[肆]

尚云祥晚年名气已很大，比武、来访的人非常多，有时想睡个午觉都不行。一次李仲轩跟随尚云祥出门办事，路上，看到两三岁的孩子打闹，尚云祥就停下来看了半天，还蹲下来伸手逗小孩，李仲轩催促他不要耽误时间，尚云祥起身说："我练拳一生，还不如这俩小孩。"很让李仲轩莫名其妙。

办完事后，在回家的路上，尚云祥说："古人讲，武者不祥。练武人太容易陷进是非中，还不如不学武，就算学了，也最好一辈子默默无闻，有一分名气，便多一分烦恼。小孩想打就打，打完就没事了，不是挺令人向往的吗？"

说到这儿，他一拍李仲轩，又说："看来练拳就得晚上练，让谁也不知道。"

注　释

[壹]

太极打法五字经诀：

披从侧方入，闪展无全空，担化对方力，搓磨试其功。歉含力蓄使，粘沾不离宗，随进随退走，拘意莫放松。拿闭敌血脉，扳挽顺势封，软非用拙力，掤臂要圆撑。搂进圆活力，摧坚戳敌锋，掩护敌猛入，撮点致命攻。坠走牵挽势，继续勿失空。挤他虚实现，摊开即成功。

[贰]

八卦掌应敌变化总纲：

动敌之将动,静敌之先静,敌刚我柔,敌老我逸,敌退我进，敌动我动，动中观敌，动中运便，敌来我攻，破攻并进，敌来我解，而后还击，敌不动我也动。

[叁]

光绪二十九年（1903），郭云深最后一次到山西太谷，与师兄车毅斋等商议十二形拳的排列序次，将龙虎二形作为开始，将鹰熊二形作为结束。龙虎二形把"起落"一分为二，表示演绎，而鹰熊二形把"起落"合二为一，表示归纳。所谓"龙虎为开、鹰熊为合"。

自此，龙虎合具形态，而鹰熊成为一招，称为"熊鹰合形"。

[肆]

三性调养法：

何为三性？盖眼为见性，耳为灵性，心为勇性。此三性为艺中之妙用也。故眼中不时常观察，耳中不时常报应，心中不时常惊醒，则精灵之意在我，所谓先事预防，不致为人所算，而先失机之虞也。

此心应事，如快刀断水，明镜照物，斯其灵明之得，渐入融和澄洁境界。平日如此使惯熟，则静坐时，格外清明，功夫易致，所谓炼己必于闹处也。

这般清滋味

我年轻时拜师尚云祥学形意拳,许多年以后,听说老师的拳法被人们尊为尚式形意。近来有武术爱好者来访,询问名为"尚式",凭的是哪些不同?一时竟找不出简明词汇作答。因为当年学拳只求有没有进益,从未想过这一问题,师徒间闲聊很多,但不曾有尚老师将自己的拳法与别人对比的记忆。

现今人们是如何将尚式形意与别种形意拳作区分,

我几十年一个庸碌闲人，对此毫不知情。根据当年在尚师身边的体会，尚式形意的形与意，只能授者身教，学者意会，如果勉强以文字描述，那么形就是"无形"，意就是"无意"。这不是老和尚打无聊机锋，而是练武事实。

在形上讲，有的武术爱好者，一听到"尚式形意"，首先认为在架势上肯定有很大不同，纠缠在"前脚是直的还是歪的？后手是抱在腰前还是跟在肘后？"一类问题上。当然，之所以为尚式形意，招法上肯定有独到处，但那不是关键，它是尚师练武多年自然形成的，绝不是为了开一派，为了有别而有别。平衡匀称是人体的本能，对老架势改得再离谱，打多了也会像模像样，如果这样就算开一派，岂不成了玩笑？

尚师的名言是"练功不练拳，用劲不用力"。不去探讨架势背后的道理，眼光局限在架势里，就是刻舟求剑。有人从力学角度分析尚式形意的架势，认为改动是为了发力更为合理，或是根据尚师的体型，认为变招是为了适合矮胖人，此说或许有它的道理，可惜尚式形意用劲不用力，从力学上分析，是错动了脑筋。

从打法的角度去分析，如燕形，别派用的是肩，尚式用的是腿，打击部位不同，当然姿势不同。其实，尚式形意的一个燕形打出来，用用肩，又有何不可？它又不是拳击，下钩拳只能击下巴，刺拳只能击面。一个姿势摆出来，从头到脚都能打人，一个姿势顶一百个姿势用，这才是形意拳，否则光凭五行十二形那几个姿势，又怎么能成为三大内家拳之一？

而且凡形意拳，一个姿势都有练法、打法、演法三种变化，书本上没有，只有拜师后，才能知道周全。书上所谓的固定套路，往往是打法、练法、演法混淆在一起，凑成一套，以它去比较尚式形意的异同，又如何能识别得清楚？比如有的拳谱上的劈拳起手式，是用后手摩擦前手小臂内侧，此处有经络，摩擦起来有健身作用，是练法之一；再如前臂高探平展，两手慢慢回收，都是在健身，没法用于比武的。要比较，得三法对三法地比，颇为繁复，本文就不做此工作了。

那么究竟尚云祥"用劲不用力"的"劲"是何物？

无法直接说清，只能借助于比喻。用力好比用一个指头打人，用劲好比用整个拳头打人——还是说不明白，只好再举例：形意拳古谱上有一句赫赫有名的歌诀"消息全凭后脚蹬"，如果理解成以蹬脚跟发力出拳，十个人练十个人会震得后脑生痛。至于能不能发出大力，的确能，因为拳击运动员也是借助蹬后脚发力的，蹬后脚扭腰，这是发力最科学的法子。不过拳击蹬的是后脚尖，不会震得后脑生痛。

拳谱上讲的"消息"，不是以后脚去蹬力，消息是关于劲的消息。正如经络，西洋仪器在人体上找不出实据，劲也不能以肌肉的伸张来测度。后腿一蹬，大腿肌肉的力气，利用人体的合理构造，通过关节，层层加重，传导到拳头上——这是力学，用它并不能确切说清武术。

或解释说，后足一蹬，能将整个身体的重量都集中到拳头上——可以试试，算一个成年人的体重有两百斤，用了此法，也不太可能打出一百斤的拳头。一个五十斤的麻袋，从一米高的距离掉下来，击打地面的力量会有五十斤。但一个两百斤的人不能打出两百斤的拳头，正如人从一米高跳下，人体的关节构造，能将地面的反弹力疏散，所以不会受伤。当一个人妄图以体重打人时，人体构造也能将力量分散，任你后脚猛蹬，也蹬不出太多东西。

而劲就好比一个网兜，将一堆散橘子似的人体拎起来砸出去，人的体重就不会贬值，而且还能赚到加速度的便宜，打出超出体重的力量。妙用如此，尚式形意当然要"用劲不用力"了。

只有不用力才能练出劲，因为劲关系到周身上下，一用力便陷于局部，捡芝麻而丢西瓜了。有武术爱好者见到拳谱上写着"形意拳有明劲、暗劲、化劲"，便以为开始一定要练得刚猛，一练拳便频频发力，果然也有成效，打架厉害，听到"形意一年打死人的"俗话，便以为练对了。其实那跟拳击手打沙袋又有何区别？练一年拳击也能打死人，好的拳击手一拳有七十斤力量，七十斤打在人心口，当然能打死人。

其实拳谱上的明劲，明字除了明确，还有明白之意，是要人"体会劲"，拳力增大是这一阶段的必然效果，暗劲是要人由明转暗，淡忘对劲的体会，让其成为一种自然反应，化劲是收放自如，暗劲与化劲难以描述，只能勉强说一说明劲。练明劲有个巧方法，要在转折处求之。五行拳不是练拳，而在练五种不同的劲，所以每一种拳的转身姿势都不同。转身姿势是为了劲而设立的，多练练转身，对领悟劲有帮助。

以前有传闻说，孙禄堂在教徒弟时，碰到了说劲难的问题，就用形意的劲比画太极拳，以图对徒弟有启发，后来自己也觉得有趣，就此创立了孙式太极拳。不管此说是真是假，的确有练形意的人，见到孙式太极拳，所悟很多。

在练劲的过程中，自然会遇到"神气"的感受，此处不便多谈，只有练者心知肚明了。如果从发力的角度讲，肯定存在一种姿势比另一种姿势好。而尚式形意是用劲，劲练成后，一切架势无可无不可，所以也就没有"形"可言。

至于意，造作意念，毁人不浅。以前的拳师由于没有文化，在没有得到名师指点的情况下，看到拳谱上的形容词，就以为是口诀，如见到"四两拨千斤"，以为要在力学上取巧，有了贼心，就练不出功夫来了。现在有武术爱好者受气功影响，打拳时，自作主张地加入好多意念，练桩功要"双手捧起整个大海"，大海有多重？这样想，只能让精神无故紧张，长此以往，会短寿的。

再如看到歌诀"遇敌好似火烧身"一句，不明白"火烧身"只是形容，不是状态，假想浑身着火地比武，会令反应失常，不败才怪。

究竟何谓意？一个体操队的小女孩，她翻跟头不用多大力，也没什么意念，她靠的是练就的身体感觉，感觉一到，便翻成了一个跟头。形意的意，类同于此，不是在脑海中幻想什么画面，所以意等于无意。

尚师总是要求徒弟多读书，说文化人学拳快，一个练武的要比一个书生还文质彬彬，才是真练武的。古书里的上将军，多是一副书生样。练武的也一样，一天到晚只知剑拔弩张，练不出上乘功夫。因为拳谱上许多意会的东西，文人一看便懂，武人反而难了。尚师便是个很随和的人，面若凝脂，皮肤非常之好，没有一般练武人皱眉瞪眼的习惯动作。只是如果有人走到他身后,他扭头瞥一眼,令人害怕。

形意拳之意,比如画家随手画画,构图笔墨并不是刻意安排,然而一下笔便意趣盎然,这才是意境。它是先于形象,先于想象的,如下雨前,迎风而来的一点潮气,似有非有。晓得意境如此,方能练尚式形意。

尚式形意的形与意,真是"这般清滋味,料得少人知"。

曹溪一句亡

称形意拳为拳禅合一,大约是20世纪的头十年,形意拳进入大城市,叫响了这个说法。但形意拳遵循的是道家,想有进境,总要从"练精化气,练气化神,练神还虚"上落实,禅是佛家,怎么也有了关系?

我的体会是,不是拳学,而是教学。

老辈的拳师,像薛颠、孙禄堂那样文武全才,功夫好文采也好的,毕竟是少数,但一代代传人照样教出来,是什么道理？

因为学拳讲究悟性，不用给整套理论，给个话头，一句话就悟进去了，什么都能明白，这一点与禅宗相似。禅宗有句话叫"三藏十二部，曹溪一句亡"，佛经有百万卷，但其中的意思六祖慧能一句话就表达清楚了，这句话叫口诀。

比如我第一位师傅唐维禄，曾几次代薛颠比武，应该说精于技击。练拳并不等于比武，功夫好相当于一个人有家产，比武相当于会投资，从功夫好到善比武，还得要一番苦悟。

一天唐师手里抬着东西，身边有人一个趔趄，唐师没法用手扶他，情急之下，用胯拱了他一下，那人没摔倒，唐师也悟了，从此比武得心应手。

薛颠是李存义事业的继承者，李存义去世后，薛颠就任国术馆馆长，国术馆有几位名宿不服气，算起来还是长辈，非要跟薛颠较量，薛颠只能推诿。

因为只要一动手，不管输赢，国术馆都将大乱。这个死扣只能让第三者去解。唐维禄说："薛颠的武功高我数倍，您能不能先打败我呢？"与一名宿约定私下比武。

唐师对这类争名的人很蔑视，穿着拖鞋去了，一招就分出了胜负，那几位便不再闹了。光有功夫还不够，掌握了比武的窍门，方能有此效果。

我的第二位师傅尚云祥，是个所学非常杂的人，什么拳他一看就明白底细，瞒不住他，有时用别的拳参照着讲解形意。照理说，如果得不到口诀，光看看架势，是明白不了的，但见了尚师，就知道世上的确有能"偷拳"的人。当然，这是他有了形意的一门深入，悟出来了，所以能触类旁通。

尚师一次跟我打趣："什么叫练拳练出来了？就是自己能创拳了。你给我编个口诀听听。"

跟老辈人学，得连掏带挖，我虽然创不出来，但为了引他教我，也编了一个关于形意蛇形的："背张腹紧，磨膝盖；浑身腱子，蹭劲走。"

他对我的评语是："一点小体会，不是大东西。"又说："你瞧程廷华编得多好——别人都说，打人如亲嘴，也就是穷追不舍的意思，他却说，练拳如亲嘴。"

尚师解释，男女嘴一碰，立刻感觉不同，练拳光练劲不行，身心得起变化，这个"练拳如亲嘴"把"练精化气，练气化神，练神还虚"的大道理一下子就说通了。

尚云祥曾用形意拳口诀与程廷华交换八卦掌口诀，发现最精粹处是相通的[壹]，因为有这一段因缘，照理尚式形意与程派八卦的门人可以互称兄弟。

尚云祥向几个早期门人完整地教过程派八卦。我没有传承尚师的这一路武功，但他对我说过，一般人练八卦，都容易把八卦练"贼"了。其实八卦掌是雄赳赳的，关键要从"双换掌"这一招里练出来，因为这一招容易体会出"劲力周全"[贰]四字。

尚师讲，程廷华打八卦，劲力浑身鼓荡，感觉不到他在打，只感到他在动。大蟒蛇从头到尾都蹚着劲，才能爬动得起来，这种威势，又怎是打一拳、踹一脚所能比的？

形意拳古传歌诀中有一句"硬退硬进无遮拦"，说的就是这种劲力周全的威势，不用抡胳膊打，只要一动就有很大的冲撞力，对手困不住你也防不住你，"硬"

字是"断然"之意。

也有"硬打硬进无遮拦"的说法,"打"字不准确,照字面理解就把形意拳说低级了,显得蛮横,"硬"字也容易被误解成胳膊、拳头硬,一边挨打一边进攻。"硬退硬进"就有道理,把"退"字放在前头,因为形意拳看似刚猛,实则以"顾法"[叁]为根本。顾为退,能不被人降住,方能降人。

老辈拳师多居乡野,文化程度不高,所传承的古歌诀多字词粗陋,大致意思是不错的,但无法一个字一个字地揣摩,一定得常年跟随在他们身边,从身教上学。

他们也不太爱解释古传歌诀,只叫门人硬背下来去悟,但那些古歌诀不经点拨,是悟不出来的。脱离开那些歌诀,他们不经意说的话,才是自己真正的体会,非常真切,往往比古传歌诀还要好。

可惜门人没有整理成文字的意识,产生出更鲜活的歌诀,只对古传歌诀宝贝得不得了,这是形意拳的"水土流失"。

当然他们说话,也往往用自己最熟悉的方言来讲。

比如唐维禄,说打崩拳要"抽筋",我是他徒弟,我明白,别人就难懂了,没法传播。

尚云祥注重实际,不为古传歌诀所约束。其实古传歌诀是怎么来的?也不是先有歌诀,而是根据实际来的。学拳之悟,不是悟古歌诀,也不是悟老师的口诀,而是借着歌诀、口诀,有了契机,悟出产生歌诀的东西。

把握住了根本,自己编两句口诀又算什么难事,大海中溅起点水花而已。所以尚云祥说,能创拳的人才是练出来的人——这不是玩笑话。

再举一个读者可以亲自印证的例子,明白了要劲力周全,功夫用双换掌能练出来,用蛇形也能练出来。

"只动不打"是程派八卦的练功口诀,"硬退硬进无遮拦"是形意的古歌诀,尚云祥还有"练拳要学瞎子走路"的窍门,说瞎子走路身子前后都提着小心,从头到脚都有反应,练拳不是练拳头,而是全身敏感。

——千说万说,都是一个道理,就看做徒弟的能应上哪句话的口味。

注 释

[壹]

以下是八卦练功八法,读者可对比形意二十四法:

乾为头,头颈正直,下颌回收,头顶悬。以接天阳之气,并使乾坤即泥丸与丹田相通。

坤为腹,腹要实,腰要撑。以使其通泥丸而存精气。

离为目,眼要平视,视而不见。以达内视而使意念纯正,则心空不存他想。

坎为耳,耳要闭,充耳不闻。以使精神收敛而生精。

艮为手,双掌直立圆对。以接土气,沉肩坠肘拧臂,以使后肘对心,土气进中焦入脾土。

巽为股,臀部收敛,大腿弯曲,使身体蹲坐,以养肝木。提肛缩股，裹胯以使任脉下通督脉。

震为足，双足平起平落，擦地而行以接地阴之气，并使身体平稳而利于固精。

兑为口，抿唇闭口，舌顶上腭，一使任脉上接督脉，二使口内生津入丹田化元精。

[贰]

八卦圆圈歌：

练艺转掌是首功，以圈为法要走圆。圈里为里圈外外，圈为先天八卦盘。

里掌要顶指要领，外掌要撑力要全。调理阴阳和气血，益养精神妙如仙。

[叁]

顾法、开法、截法、追法：

顾法者，单顾、双顾、顾上下、顾左右前后也。如单手顾则用截搋，双手顾则用横拳，顾上则用冲天炮，顾下则用扫地炮。顾前后则用前后扫捶，顾左右则用填边炮。拳一触即动，非若它门之勾连棚架也。

开法者，有左开、右开、刚开、柔开也。左开如里填，右开如外填，刚开如前六艺之硬劲，柔开如后六艺之柔劲也。

截法者，有截手、截身、截言、截面、截心也。截手者，彼手已动而未到则截之；截身者，彼微动而我先截之；截言者，彼言露其意则截之；截面者，彼面露其色而截之；截心者，彼目笑眉喜，言其意恭，我须防其有心而迎机以截之也，则截法岂可忽乎哉？

追法者，与上法进法贯注一气，则随身紧起，追风赶月不放松也，彼虽欲走而不能，何虑其邪术哉？

雕虫丧天真

旧时候学武,总是讲拳的多,说功的少。学到拳的是学生,学到功的是徒弟。学到形意的桩功很难,如果师傅不愿意传,往往让你一站,说点"放松"一类的话,就不管了。

比如站浑圆桩,都知道两眼不是平视,要微微上瞟,但瞟什么?瞟来做什么?能回答出这两个问题,才是李存义的徒弟,否则他老人家开国术馆,一班一班教的学生很多。

按照李存义的桩法，小脑、肾、性腺都得到开发。所谓"形意一年打死人"，不是说招法厉害，是说形意能令人短期内由弱变强，精力无穷，是体能厉害。

还有一点，叫"传徒先传药"。武家是有药方的，有练功的、有救命的，自称是某某的徒弟，先得拿出几张药方。唐维禄便有李存义传的"五行丹"做凭证，此药化为膏质是一种用法，化为丹质又是一种用法。

收徒弟得有用。我所接触的李存义的几个徒弟，都不是严格意义上光大师门的人。唐维禄由于后天条件局限，还有性格使然，他可以暗中帮助师兄弟，自己却不是独领风骚的栋梁；尚云祥有自己的路要走，在李存义的教法上别出新意，所传不是李存义的原样；薛颠可以说是李存义教出来的"最有用"的徒弟，坐镇国术馆，广传形意拳，可惜由于特殊缘故，不用老师的名号。

得到一个徒弟很难，总是这有缺点那有遗憾，但要真得到一个好的，门庭立刻就能兴盛起来。

有的时候师徒感情太好了，也不行。规矩越大越能教出徒弟来，人跟人关系一密切，就缺乏一教一学的那种刺激性了。拳不是讲的，要靠刺激，少了这份敏感，就什么都教不出来了。

所谓"练武半辈子，一句话教给徒弟"，并没有一句固定的话，指不定哪句话刺激到他，一下就明白了，这就是禅吧？

我从唐维禄门下转投尚云祥，并不是唐师没本事教我，是我跟他太好了。我算富家子弟，易骄狂懈怠，离开家一个人到北京找尚云祥，心情使然，就能学进东西了。

尚云祥有为师之道，教徒弟跟钓鱼似的。咬不上他的钩，他就嘻嘻哈哈，一点都不解释，令人着急；咬上了他的钩，他就狠劲一拽，一句话说透。我一直很感谢唐师的安排。老辈武师就是这样，一旦认你做了徒弟，就只为你好，非常无私。

我到了北京后，唐师还总来看我。他不坐火车，都是从宁河一晚上走来的，这份师恩太厚了。

唐师腿功好，孙禄堂腿功好，由于两人名字都有"禄"

字，一度被称为"二禄"。最终孙禄堂成名成家，唐维禄被世人遗忘，但孙禄堂的门下应该记得这说法。

孙禄堂的腿功，是新闻事件。他和段祺瑞坐敞篷汽车，逆风而行，车速很快。段祺瑞头上戴着巴拿马草帽，被风吹走。孙禄堂跳下车追到草帽后再追汽车，司机还没意识到有人跳车，他就已经回到车上——此事当时有几家报纸报道。

唐师要是有一件名动天下的事，也不会老死乡野。不过光靠惊世骇俗也不行。孙禄堂文武全才，样样都好，的确是大家。一个练武的人，得什么都会，方能有大用。

唐师所传的桩功，有一个要点，时常浑身抖一抖。传说狗熊冬眠的时候，每隔几天，它就自发性地浑身颤抖，否则僵滞不动，身体要有问题。同样，站桩为什么站不下去？就是缺这一抖。

很细致很轻微地抖抖，就能够享受桩功，养生了。另外，其实比武发力，也就是这么一抖擞。如果有读者从此受益，就向旁人传一传唐师的名吧。

薛颠传的桩功，一个练法是，小肚子像打太极拳一般，很慢很沉着地鼓出，再很慢很沉着地缩回，带动全身，配合上呼吸，不是意守丹田，而是气息在丹田中来去。

这个方法可以壮阳，肾虚、滴漏的毛病都能治好。另外打拳也要这样，出拳时肚子也微微顶一下，收拳时肚子微微敛一下，好像是第三个拳头，多出了一个肚子，不局限在两只手上，三点成面，劲就容易整了。

还有一个方法，站桩先正尾椎，尾椎很重要，心情不好时，按摩一下尾椎，就会缓解。从尾椎一节一节脊椎骨顶上去，直到后脑，脊椎自然会反弓，脑袋自然会后仰，两手自然会高抬，然后下巴向前一钩，手按下，脊椎骨一节一节退下来。

如此反复练习，会有奇效。脊椎就是一条大龙，它有了劲力，比武时方能有"神变"。

注意，这三个桩功都是动的，不过很慢很微，外人看不出来。薛颠说的好，桩功是"慢练"。这些都是入门的巧计，一练就会有效果，但毕竟属于形意的基本功，练功夫的"功夫"，指的还不是这个。至于如何再向上练，薛颠和唐维禄都各有路数。

尚云祥把这些方法都跳开,站桩死站着不动,是错误的,但他就传了一个不动的。一次我站桩,他问我"你抱过女人没有?"我就明白了。这个"抱"字,不是两条胳膊使劲,而是抱进怀里,整个身体都要迎上去。这是对站桩"拿劲"的比喻,拿住这个劲,一站就能滋养人。

一天我站桩,尚云祥说:"你给我这么待着!"

这一个"待"字,一下子就让我站"进"去了(没法形容,只能这么说)。后来他冲我说:"你怎么还在这待着?走吧!"身体一下就"开"了。

形意是用身体"想",开悟不是脑子明白,而是身体明白。与禅的"言下顿悟"相似,等身体有了悟性,听到一句话就有反应,就像马挨了一鞭子,体能立刻勃发出来了——尚师是这种教法。

杀人如剪草

开武馆,这是民国出现的形式。在这之前,中国民间要么是禁武,要么是拳团,就是操练一点实战格斗,目的也只是为了对付土匪,离武术的精深处较远。凡是武师真传的,人数一定不会很多,三五个人,才能忙得过来,教得透。

广收门徒,往往就会出现"教拳的多,传功的少;讲招的多,传理的少"的情况。其实,这不是武师们不实在，而是因为功、理是很"身体化"的东西，得身教方能体会得出，讲是讲不明白的，靠着在练武场上喊几句口诀，即便是古代秘传真实不虚，做学生的也很难体会。

禅宗宣扬"以心传心"，就是这个道理。要打到学生心里去，一下子激发他，"以口传口"是不行的。我们年轻时（20世纪二三十年代）的武术书，你们看了后，有没有发现一个奇怪的现象？就是总用口令来标示动作，或是标榜"可用于军营练兵"。

那时民族危机，外国侵略，武术界的口号叫"强国强种"，希望能为国出力，训练部队上阵杀敌，所以许多拳种在教授时一切趋于简化，向往能一教七八百人，一蹴而就，速成。

我的老师尚云祥，是个外柔内刚的人，处世精明，不受人骗，可同时又很理想主义。我认识他时，他已年近七十，仍时常像青年一样爆发很大热情。他很爱国，盼望国家打胜仗，教形意拳时，企图一说，听的人转身上战场，就能用上。

形意拳传说起源于岳飞，本就是南宋时代用来训练士兵的。一定要让形意拳在现代发挥军事作用——当时老一辈拳师都在动这份脑筋。练武术的都爱国，当时管武术叫国术。李存义说："形意拳叫国术，就要保家卫国。"

李存义就亲自上战场，当国术馆馆长时一直琢磨形意拳的军体化和速成法。尚云祥延续李存义的道路，接着向这方面尝试，晚期所教的拳有了简化的倾向。他这个"简"不是简化拳招，而是想，说一句话，片刻间便令人功夫上身。

后来发现不行，因为每一个人的身体素质、智商悟性良莠不齐，内家拳的要点不在拳招，在于"神气"——这种非常灵性的东西[壹]，不是动作，无法按照口令操习。而且简化之后发现对人的悟性要求更高，学起来更难。训练战士，还不如按部就班，繁一点好。

虽然此路不通，尚传形意没有成为军体拳，却从此形成了一种教学风格，拳理一语道破，发挥身教的刺激性。言教总是用众多的比喻，搞修辞，让人听得津津有味，身教则干脆利落，一个眼神，比画一下便令徒弟悟进去。

学武还是要重身教，也正因为重身教，所以有些行为与禅相似。

禅宗有"话头"，就是突然一句话把人整个思维都打乱，就开悟了。这个"话头"从书上看，没有用，得真人对真人地冲突。尚式形意也有这种"给句话"，这句话本身可能有意义，可能没意义，就是为了刺激。

先举一个有意义的。有位跟日本人打过仗的军官（忘记叫什么，很有名的一个人），是个彪形大汉，会使双刀，听说尚云祥研究一种能够速成的拳术，就来拜访。

他是真正上过战场、肉搏过的人，虽然只是粗通拳脚，但这种人反应极其敏捷，一般练武的人是对付不了他的，这就是"上一次战场，抵十年功夫"的道理。他一副生龙活虎的劲头，周围有什么动静，他脖子本能地一激灵，视线就对了上去，真跟野兽一般。

他为自己的反应能力很得意，说："我这怎么样？"尚云祥说："很不一般。但你这样，反应是反应，反击是反击，没用呀！"他很不服气，尚云祥说："我教给你一个反应和反击在一块的法子，好不好？"

尚云祥就对他说了一句话。

听完了这句话，军官就服了，说这个法子太好了，用到战场上，孬种就成好汉了，非要每个月发尚云祥一份军饷，尚云祥没要。但那个军官还真给尚云祥发了三四个月的军饷，退回去又送来，最后一个月是从南方寄过来的，那军官后来也许战死了，也许落魄了。

至于那三四个月的军饷是军官个人付的，还是国家部队上给了尚云祥一个编制，就不清楚了。[贰]

尚云祥对军官说的这句话，是有确切含义的，是个窍门。形意拳有练法、打法、演法（表演）三种变化，尚云祥说的这句话属于打法。一个军人上了几次战场，对于实战肯定比常人领悟得多，但形意拳的打法，是经过了近三百年，几代人上万次比武积累出来的经验，比一个人几次实战的经验肯定要高超，确实有道理，所以能让那个军官一下子就折服了。

也正是因为那军官自身有体会，所以一点就透，说给练了十年形意拳的人听，可能都没这效果。不过形意拳的打法，属于用，其中窍门说上十分钟，就都说清楚了，不是功夫，只能说是技巧。

有功夫上身，才是拳术。光把形意拳的打法用到战场上，拼一会儿刺刀还管用，因为比敌人巧，但上战场时间一长，就不是拼招了，而是拼体能，就必得有功夫。

就是这个问题解决不了——如何让功夫迅速上身，一下子教会许多人？前辈拳师忧国忧民，是在很费心地想这个问题，不是造个"速成"的幌子骗钱。

我可以肯定地说，功夫是不能速成的，能速成的是打法。但没有功夫，只有打法，也就只能欺负欺负普通人，上不了台面。

尚门形意追求"功夫速成"，但也要慢慢地练。俗话说"太极十年不出门，形意一年打死人"，练太极拳，要像煮中药似的，让药性慢慢发挥，功夫最终才能有大的成就。形意拳犹如炼钢似的，一开始要猛火急烧，把铁矿杂质都去掉，所以得猛练。

可是有没有仔细想过，猛练，练的是什么？形意拳姿势简单，五行十二形，一个下午就能学会，为什么开始时，一个劈拳要练上一年（天资绝佳又正好处于十六到二十四岁青春旺盛期的人，也要练上四个月）？肯定不是练姿势，不是练打法，不是练发力。

形意五行拳的顺序，是金、木、水、火、土，对应上劈、崩、钻、炮、横，为什么首先要练劈拳？不会因为它正好处于五行的第一位。为什么刚练劈拳的时候，最好能三四百米一路打下去，要这么开阔的空间？练好了劈拳，为什么自发性地就会打虎形了？

练成劈拳后，按照五行的顺序应该练崩拳了，但为什么要接着练钻拳？钻拳的步法为什么是螺旋前进？不从技击，从健身的方面想想？崩拳的"崩"字怎么解释，就是一崩劲吗？其实崩拳的妙处在于张弛。

炮拳总是双臂一磕，只有出手没有收手，练出两条硬胳膊，胡乱一碰，别人就痛，的确可以"硬打硬进"，但炮拳就是练胳膊吗？其实炮拳有隐蔽的收手，这才是炮拳所要练的精要。

横拳有不可思议的境界，到什么时候方能体会到？

上面这些问题，尚师用一句话就可以回答，这句话是有实在含义的。如果一个人练了很长时间的形意拳，但是不得法，一听这句话，真是非常舒畅，的确感到好像在瞬间就长了功夫，但这只是在身上通了，身体感觉对了，以后就能自行进修了，但功夫还是得练才能出来。

其实何止太极十年不出门，形意也要十年不出门。猛练，往往还没一拳打死了人，就先把自己打死了，因为强盛很容易，但要小心"盛极而衰"。强盛了之后，不知调养，精气神会如江河奔流般地消耗，练武是强身，但往往练武之人会短寿，一过壮年衰老得厉害。

以前练武之人四处寻访，就是要找名师解决这个"盛极而衰"的问题，所以练出功夫后，不知道还有这一档子大事，光四处比武争名声，是自己毁自己。

武术这东西是很系统的，就算你是一下悟进去的，还是要一点点练出来。否则只知有一，不知有二，只抬脚不迈步，是不行的。

当然，一个人不用功，一辈子练不上档次，就没有这个危险，当个业余爱好，也是很快乐的。

形意拳是"炼拳"，修炼，要与精气神发生作用，所以形意拳能变化人的气质，将威武变文雅，将文雅变

崩拳

威武。拜老师,就是找个人能帮助自己由"练拳"过渡到"炼拳",就不会盛极而衰了,永远生机勃勃的。学拳重要的是身心愉快。

武德为什么重要?因为一个人有谦逊之心,他的拳一定能练得很好。一个好勇斗狠的人,往往头脑都比较简单,越来越缺乏灵气,是练不出功夫的。

这种人,老师也不会教的,说一句:"脑子什么也别想啊。"就什么也不管了,你也没法责问,因为有"内家拳的要领是放松与自然"做幌子——这都是老师不愿教的回避法,说些貌似有理的话,哄得你乐呵呵地走了。

武术的传承是不讲情面的,不是关系越好教得越多,许多拳师连自己儿子都不传。你的人品,连老师都赞成你,当然会教你了。练武是"孝"字为先,连自己父母都不孝顺的人,没有人会教他,每日要以"忠义礼智信"来衡量自己,即是忠诚、义气、礼节、智慧、信用。

一个人有了这种内在的修养,心思就会清爽,悟性就高了。老师选徒弟,主要看他的气质是不是清爽,混混沌沌,就说明他心理有许多问题没有解决,或者身体患上了隐疾。眼光没有一点慈悲，只会凶巴巴地瞪人，可能现在打架厉害，但看他将来，无不是患病早亡——徒弟找师傅也是这个标准。

想着用武术去欺负人干坏事——太可笑了，折腾不了几年，就把自己作死了。对付这类人，还有一种回避法，就是打出"穷文富武"的幌子。

以前科举，就是几本书，哪都能借到，不用费钱，而练武得吃好喝好，把自己养好了，而且要提供老师的食宿，把老师供养好了，因为练武必须得身教，师徒最好一块生活一段时间，所以费钱。

现在的体育运动员拿金牌，没有物质基础是不行的，围着一个人的教练、医护有多少人？每月的营养品有多少？居住条件有多好？严格来说，武术也要这样，所以尽可以说你的财力不够，从而拒绝你。

古人的生活很清苦，功夫一样练出来，不是不要营养，而是有个方法（形意拳的一些内功），不用花钱一样得来，养不好身体是练不好拳的。

练武的人得会吃，不是说当美食家，吃根黄瓜都像吃了根人参似的,小孩子长身体的时候,不就是这样吗?但男人一过四十,就不要强求自己的消化能力了,还是得食品精良。

不过"穷文富武"是个幌子,老师真正看上你,财力不够不成问题,只要人品好就行,旧时代的拳术名家都是自己贴钱养徒弟,什么叫"入室弟子"?吃、住、穿、用,老师都包了。

所以求学,求是求不来的,不如好好地养身体,基本功上了档次,做好自己这块材料。

尚师传拳的特点是"给句话",多少人找尚云祥,不奢望能拜师,就是求给看看,给句话。这句话,你程度不到,给了也没用,引不起效果呀。徒弟处于紧要关头,老师的话不管用,这是老师有问题。

尚门形意的速成法,就算解释清楚了。一听"速成",就以为不用费心费力,不要资质、基础,真能短期速成,这是错误的。

再说一个军体拳的故事。中国的军官知道尚云祥在研究训练军队的拳法,日本人也知道,就找上了尚云祥。

日本人知道尚云祥绰号叫"铁脚佛",日本人信佛,但跟中国不大一样,好像是被砍了头就不能去极乐世界,那时的日本人不怕死就怕被砍头,所以拜佛就是求这个,隔着种族,他们的心理很让我们费解。

那时武术界称呼个"佛""仙"的很多,就是个江湖名号,没什么特别意思,而且尚云祥对自己的这个名号是很不喜欢的,但日本人一听绰号有个"佛"字,就不一样了,所以他们来是毕恭毕敬的。

他们要让尚云祥教拳,当时尚云祥刚写了本拳论,他们就说要印刷成小册子,在日军中派发。尚云祥一口拒绝,那本拳论也就藏了起来,几十年过去,可能丢失了,没传下来。

日本人总来劝说,每次都很有礼貌,后来突然翻脸了,抓了尚云祥几个徒弟(好像是四个),他们都没能回来。

当时有一种说法,日本人抓他们,不是为了威胁尚云祥,而是退而求其次,师傅不教让徒弟教。这四个人到了日本人的榻榻米上,脚下一用力,榻榻米都碎了。

日本人觉得真是"铁脚",应该是尚云祥的看家本领,就让教这个。他们一教,伤筋震骨的,学的日本人,腿都出了毛病,严重的下肢瘫痪,一怒之下就把这四个人给害死了。

还有一种说法是,那四个人给抓到日本本土去了,至于他们在日本的情况,就不得而知了。

注 释

[壹]

神气即内劲。内劲者，寄于无形之中而接于有形之表，可以意会而难以言传者也。然其理则可参究。

盖志者，气之帅也，气者，体之充也。心动而气则随之，气动而力则赶之，此必然之理也。有谓撞劲者，非也，有谓攻劲崩劲者，亦非也，殆实粘劲也。

窃思撞劲太直而难起落，攻劲太死而难变化，崩劲太拙而难展招，皆强硬踞形而不灵也。粘劲者，先后天之气，日久练为一贯也，出没甚捷，可使日月无光而不见形，手到劲发，可使阴阳交合而不费力。

总之如虎之登山，如龙之行空，方为得体。

[贰]

1933年的喜峰口血战，中日部队肉搏阶段，世传中方所用刀法是形意刀法，传自尚云祥。喜峰口战役情况如下：

1932年，日本在制造伪满洲国的同时，大造"热河为满洲国土""长城为满洲国界"的舆论。1933年，日军攻下热河，随即分兵攻击长城各口。

3月9日，服部、铃木两旅团联合先遣队进犯喜峰口，占领北侧长城线山头。驻遵化的西北军二十九军宋哲元部109旅旅长赵登禹派王长海团救援。王长海组大刀队五百人，于晚间攻下喜峰口，大刀队多数壮烈牺牲。

10日，日军与二十九军主力相继抵达。二十九军待敌临近时，蜂拥而出，用大刀砍杀。日军虽多次进攻，终未得逞，14日后撤至半壁山。其后，日军在罗文峪、冷口分别发动过几次进攻，均遭守军抵御而未达目的。

大道如青天

形意拳古有"入象"之说。入象,便是化脑子。到时候,各种感觉都会有的。碰着什么,就出什么功夫,见识了这个东西,你就有了这个东西——这么说,怕把年轻人吓着,但拳是这么玩的。

分不清,超出了身体的范围。恍然,跟常人的感觉不同,那时候出拳就不是出拳了,觉得两臂下的空气能托着胳膊前进,没有了肌肉感;两个胯骨头,能牵动天地;

一溜达，万事万物乖乖地跟着……

这都是走火入魔，脑子迷了。但练拳一定得走火入魔，先入了魔境再说。有了恍然，处理恍然，是习武的关口，要凭个人聪明了。处理好，就鲤鱼跳了龙门。恍然来了，让它傻傻地过去，练武便难有进展。

把魔境的好处全得了，所有甜头都吃了，也就没有了魔境。形意拳对人脑开发大，培育智能。人上了岁数练，也很好，把脑子练出境界，方能延寿。一天到晚纳闷："我怎么这样了？"——胆子小，就快点找个师傅吧。好多人都是练拳练怕了，所以才不练的。不是不能成就，是不敢成就。

师傅就是你的心态，告诉你："要当好汉。没事，这么办。"一句话就救了命。师徒感情好，是师傅对徒弟生命的参与太大了，徒弟对师傅有依恋。师徒强于父子。

拜师傅，就是当自己动摇时，找个能给自己做主的人。人是太容易动摇了，世上没几个天生的好汉。

尚云祥师缘不佳，学了一次，就离了李存义十年。但他自己把功夫练出了境界，自己能做自己的主——不是练拳的不知道这有多难，所以尚师是天生的好汉，有绝顶的聪明。

唐维禄幸运，师缘好，一开始就跟着李存义，得的好处一大片，跟上就不走，直到李存义赶他。当时唐师五十左右，李存义说："再这么跟着我，你就老了。"说了好几次，唐师才走。

李存义把尚云祥找着后，尚云祥也是见了师傅就不走，给画龙点睛了。师傅是宝，师傅不赶，徒弟不走。没师傅了，师兄弟就得扶持，唐师便总找尚师相互印证。他俩说话很严肃的，两个不是文人的人，说出的话高深极了。两个平时不大说话的人，这时候也就有了口才。外人听不懂，也不让听。

我悟性不高，人也不够勤奋。回忆一下，年轻的时候，其实跟我的师傅们是说不上话的。能跟他们说上话，得多大修为？基本上是师傅说什么，就揣摩什么。

得着一句话是幸运，弄懂它就难了。体悟到一点，比考上状元还高兴。拳就这么邪乎，武比文难。练拳得常新常鲜。

小时候，听大人们讲："失意的人看《聊斋》。"我六十岁以后，《聊斋》不离手，有时感慨，难道我也成了失意的人？

练武人容易单纯，要打抱不平，眼里不掺沙子。《聊斋》讲了世上复杂的事，欺诈奸盗，看看，便知道事情远没有自己想的那么简单。

《聊斋》中都是被冤枉的人，心有苦衷，看看，能找到共鸣，便缓和了情绪。书里怪话多，怪话就是真话，怪事多有隐情。

薛颠读《易经》，没教过我。但年轻时毕竟受了影响，这些日子就想读它，也不知道怎么回事，家里就有了本《易经》。很破，封面都没有，幸亏里面不缺页。一天到晚看，后来这本书不知道怎么回事就没了。年老不管家，家里人一收拾东西便再也找不着了。

总算晚年，过了几天读《易经》的瘾。我也是直到自己老了，才明白了年轻时就知道的老理。此书对人生有好处，什么感慨都在里面，犹如练拳化了脑子的人，一切清晰了。薛颠读它是有原因的。薛颠的程度，我不敢推测，神鬼难知。

要珍惜时光，真正练进拳里去。得点智慧，人生就有了改观。找师傅学俩狠招——没人理会这闲茬（次要），找师傅就是找个人把自己脑子化了。化脑子没法写，写了也写不完，捅开这层窗户纸，形意里面的好东西多了。

化不了脑子，干着急，这辈子等于白练了。练武的多，化脑子的少。化脑子的人里，得点甜头的多，化完的少之又少。

传拳不传意。技术可以传授，经验没法传授，顶多能感染一下。这个意，不是想出来的东西，而是得来的东西。一刻意就没了，不知道怎么回事就得了。

讲一点技术。唐师去世前嘱咐我照顾他的老朋友，他们出了事，一句话我就到了。其中有张克功、刘三丫，都是燕青门元老。铁裆功是内养，坐着练的，要有绵绵弹力，方可上下滋养——这是燕青门的东西，我说不太好。

形意的桩功是站着练的，床上也有桩。躺在床上用两脚打劈拳，不真动，感觉上动着就行了。打劈拳时，要吸着手心，同样，脚心也吸着。第二天站着打拳，感觉会全然不同，有了如犁行的味道。人整片整片地行进，飘然匀实。形意的劲道妙在脚心。

平躺时，呼吸不顺畅，马上一侧卧，气一下顺到脚。在床上辗转反侧，是在练呼吸——会了床上的桩，也就会了溜达。先以形调气，日后，用脑子练拳时，呼吸也会起变化，不是"升降吞吐"所能概括的。呼吸一微妙，生理就微妙了。

到了季节，猫会叫春——这便是雷音。功夫到了季节，自然会有雷音，不能管它，只能由着它。从身子深处出来了，等着它再落下来，不能管，管了会炸肺。雷音有时有声有时没声，是一种匪夷所思的呼吸，化了脑子后才会有此现象。

雷音不能强练。比武时发声，对发力多少有点帮助，但雷音主要是脑子调身子时的现象。

形意拳有"随手蛇形"的说法，就是说练蛇行要练到功成自然、一动就来的程度，那时人就可以顺着蛇形出变幻。也要顺着雷音走境界，出声便是出灵感。随上雷音，一日千里。

长剑挂空壁

形意拳的内功从何开始?说出来惹人笑话,从大小便开始。形意拳的架势好理解,所谓外五行就是那么几个架势。还有内五行呢?一个人对自己的五脏六腑没有体会,便没法练形意拳。

我一个师兄外五行的架子很刚猛,结果唐师笑话他,说:"挨打的拳,练拐了。"——这句话也是从李存义来的,李存义一看到别人练的不对路子,就这么说。

挨打的拳，一是打法不灵，光会动蛮力，别人找对了击打你的方向，一下就把你甩出去了。二是光在肌肉上长功夫了，不会在五脏六腑长功夫。那么功夫还是虚的，就好像窗户纸，好像有个门面，其实一捅就破，打这种人，一两下就能把他捅趴下。

人很难体会五脏六腑的，先要在大小便的时候"闭五行"，即闭目、咬牙、耳内敛、鼻静气、脑静思。

大小便时因为体内有运动，就牵扯上了五脏六腑。对五脏六腑有了体会后，不大小便的时候也就能闭五行了。闭五行好处多，在坐公共汽车时，闲散时间里，都可以闭五行。尤其是在早晨起来时，醒后先不要急于起床，闭一会儿五行，就是形意拳的长寿之法。

我有九旬之寿仍可以有吃大鱼大肉的胃口，这就是闭五行的功效。希望读者先从闭五行中找到一点内功的味道。

我从小是个戏迷，年轻时跟随评剧名家高月楼，发现了一个现象，每回演戏演员们都是一身汗。他们演文戏时没有多少运动量也是一身汗。这一身汗是怎么来的？是发声发出来的。

因为有这个经验，所以我对形意拳的发声格外留意。前面讲的闭五行是形意的内功，雷音也是内功，是五脏六腑的功夫。说"没什么，就是比武时吓唬人的"——这是应付外行的话。

我所处的时代，武林规矩大，来客要陪吃陪聊，临走要送路费，就算客人有钱这个路费也一定要送的。人穷对朋友不能穷，这是祖上定下的规矩。师傅教徒弟，先教出来一个清白知礼的为人，才能造就人才。

形意门不但是枪法，剑法尤为精妙[壹]。现在的年轻人可能不知道了。我的剑法开始是跟唐师学的，后来在尚云祥门下深造了一下。

尚师家中挂枪，他有一把刀，说："这刀吃过鬼子的血。"唐师对我说过："当年，你尚师傅可是把洋人一场好宰！"

李存义和尚云祥杀洋人[贰]，是杀一场就躲几天，所幸没有发生意外。拿日本使馆的人开了杀戒[叁]，后来是白种人也杀。李存义的刀法用刀尖，也等于是剑法。

形意拳的剑法叫六部剑,何谓六部?清朝的官制有六部,天下就可以治理了,就是说方方面面都照顾到了,比武就可以制人了。

六部,就是上下左右前后。练形意拳的剑法,可不只是一根剑呀!方方面面都要有东西的!形意拳的剑法刀法都用尖,但并不只是一个尖。形意拳又叫六合拳[肆],六合就是四围上下。还要练出隐藏的剑尖,一遇非常,可以八面出锋。

练拳也是要四面八方地练,一个钻拳出去,在练的时候,不是只冲敌人的下巴,全管。这样才能随机应变。有的拳师教徒弟,让他们先傻练着,渐渐有体会后,教剑法时再把这个四围上下的道理点透。学剑是习武的关键。

薛颠《形意拳术讲义》的篇首口诀,便是说四围上下,不是玄理,而是具体练法。"内中之气,独能伸缩往来,循环不已,充周其间,视之不见,听之不闻,洁内华外,洋洋流动,上下四方,无所不有,无所不生。"

这已是形意的妙诀了,读前辈文章,这些地方都要读进去。我只会说点碎嘴闲话，水平所限，能把些东西讲得有点"呼之欲出"的意思，便自我满足了。

至于剑法，剑法只谈一次，好坏就是这一次，从此不负责了。

《红楼梦》是"满纸荒唐言，一把辛酸泪"，荒唐言是假事，辛酸泪又是真哭，真的假的在一起，练形意也是真的假的在一起。形意的功夫要在身内求，劈、崩、钻、炮、横联系着心、肝、脾、肺、肾，但有时也要在身外求，炮拳要在杆子上求出来，还有一个求法，便是练"泥巴小人"。

下面的是怪话，只说一遍，权且一听。假想有个泥巴小人，镶在远处的风景里，只是略具人形，有个大概的胳膊腿，但是要有五官，有五官就有灵气。

这个泥巴小人悬在半空，它的眼睛和你的眼睛是平齐的。你睁眼闭眼都可以，只要动上心思，让这个泥巴小人打起拳来。打起拳来，连泥带水的，这块泥巴时而黏腻，时而松滑。

这是做白日梦，小人是假的，但你又能感到泥巴由黏腻变松滑，由松滑变黏腻，又很真。这便是"满纸荒唐言，一把辛酸泪"了，假作真来真亦假。

形意拳是"有感而发，随感即应"，练出了初步的劲道后，要赶紧往"敏感"转化，否则便练偏了，泥巴小人是敏感的练法。形意的剑法名"六部剑"，便是在四围上下里找感应。

六部剑没有招式，如果非要说招式，就套上五行拳的拳招，来蒙蒙外人。六部剑不要求站姿，立正的样子就可以了，只是在拔剑的时候有一点讲究。拔剑的瞬间，要感受到全身的毛孔都张开了，周身都在听附近的动静，能听得远当然更好。

六部剑如老道作法，将剑探到空中，上下左右前后地慢慢划动。那个泥巴小人，此时要黏在剑尖上，要想着它比你敏感十倍，探测着周围。

如此这般地画圈，泥巴小人不知道怎么回事，变成了块翡翠，晶莹透亮。再继续画圈，在剑尖上的翡翠小人，转瞬间变成了一星剑光，剑光鲜亮润泽，随着剑的划动，在剑脊上来回滑动。

李仲轩于家中

李仲轩演示剑法

持续一段时间，如果附近没有动静，剑光就是流畅地来回滑动，如果略有动静，剑光如同人的脉搏般，会很轻微地跳一下。如果周围的动静异常，不管远近，剑光都一下出去了，心思不要跟着剑光走，只要用整个身体去听剑光的回声就行了。

用整个身体去听——对此，常人也有体会，比如第一次拥抱女人时，会感觉非常异样，那就是用整个身体听了一下。以后往往没这感觉了，因为不慎重了，所以就不敏感了。又欢喜又害怕，这是出敏感的状态。

练此剑法，要像小孩做游戏般郑重其事。女孩给布娃娃看病，能在布料上摸出心跳来，男孩扛木头枪，能扛出钢管的重量来。六部剑太怪了，不好理解，只当是个游戏吧。

六部剑的收势，是将剑插回剑鞘，此时小腹丹田中要微微吸一口气，全身的毛孔也收敛了。剑身完全入鞘时，要想象剑柄仿佛是自己的师傅，非常恭敬，如同师傅真在。怀着恭敬之心，将剑在墙上挂好，才算完毕了。

另有三个小玩意，可以融在上面一套中练，也可以专门单练。

一、泥巴小人在剑尖上,很黏,甩也甩不掉。转剑时要时不时地两膝一顿,看看能不能把它震掉,两膝一顿,是半步崩的样子,结果任你怎么震也震不掉。

二、翡翠小人在剑尖上,很滑,太容易掉了。转剑时要时不时地调调手腕,以免掉下来,紧急时,手腕子要抖,是转环崩(崩拳的一种)的样子,结果有惊无险,就算掉了,也要能把它从半空中捞起来。

三、剑挂在墙上,自然地倾斜,犹如北斗七星斜挂在天上。挂好剑后,自身就成了北极星,是七星的中心,不管走到哪里,墙上的剑都要跟着你转。有时能带动挂剑的整面墙一块转,有时只是剑转。

这都是精神饱满、内气充沛时的游戏,如果身体有病、精神萎靡,就玩不起了,一玩便伤。不管剑法多么奇怪,最后都要回到五行拳中来。练形意始终以五行拳为主,便不会有偏差了。

注 释

[壹]

光绪十四年(1888),李洛能八大弟子之一的车毅斋在天津以形意剑术击败日本武林高手板山太郎,名声大震,清政府特授予"花翎五品军功",以示嘉奖。

[贰]

指的是在1900年6月,八国联军进北京期间。之前李存义带尚云祥在河北、天津战场杀敌,李存义在《形意真诠》序言中写道:"余自学形意拳以后,入镖业谋生,兼授门徒。于庚子之役亲率门人参加张德成、刘十九等人所组之义和团,抗拒洋鬼子侵略军于天津老龙头火车站。我们用单刀剑戟杀敌,洋人望风披靡,实仗练形意拳之功和胆壮气盛势雄,乃能视敌如草芥也。"

《辛丑条约》签订后，李存义受到清廷通缉，潜逃。

[叁]

1900年，八国联军向北京进犯以及大沽炮台被攻占的消息传到北京，激起民众的无比愤怒。民众先后将在京挑衅杀人的日本使馆书记生杉山彬和德国公使克林德处死。

《辛丑条约》中规定了"严刑惩凶"，曾多次指明索取人头。按照条约规定，清政府派亲贵那桐到日本，以谢书记生杉山彬被杀之罪。

李老形容李存义、尚云祥杀日本使馆的人是刺杀，不是聚众处死。杉山彬的具体死亡方式，以及李存义、尚云祥师徒与此有何关联待考证。

[肆]

何为六合？肩与胯合，肘与膝合，手与足合；心与意合，意与气合，气与力合。内阴外阳，内外贯为一气也。最为要者，前后各六势，六势变为十二势(即十二形也)，十二势仍归于一势(即一气也)，且又有刚柔之分也。刚者在先，固征其异，柔者在后，尤寄其妙。亦由显入微，由粗得精之意也。(摘自《曹继武十法摘要》)

我与日月同

形意拳是"事少而功多",方法简单而功效大。熊形理顺臂、肩、头三者的关系,先找一个西瓜,单手托在右肩上。右手臂搂着,要防止西瓜滚落,手心和肩头要相互照应。

找到这个体会后,就把真西瓜去了,搂着个空气的西瓜,掌心对着肩井穴,掌根对着耳朵,这样腕部就有了一个弧度,自然地向里。

肩膀和手心一照应，大臂、小臂就绷圆了，肘尖不能扬起，要如弓上的箭，在劲上缩着。要体会出空气西瓜的重量，肩和手心细微地控制着它。

右肩上的空气西瓜有了真实的重量，身体为了维持平衡，左边的腋窝就张开了。腋窝的开张，是用拳的关键，张开不是无限度，如狗熊夹玉米棒子。

左胳膊是斜垂着的，腋窝一张，手就抬起来，再一夹，手就向前了。狗熊掰棒子，随夹随掉，所以腋窝的开张也是很灵活的。如果把夹、张做快了，或者说把腋下的玉米棒子拧一下，拳劲就旋起来了，练好了这感觉，整条胳膊就活了，打拳就能拐弯。

熊形是左右互换，也就是西瓜和玉米棒子互换。练了熊形，自然就能对转环崩有感悟的，我们的拳是一个拳补充另一个拳，一个拳里有所有的拳。西瓜和玉米棒子，我们叫"虚运一个形"。其实这秘密，王献之早就讲出来了。

王献之在写字时，王羲之从后面过来，猛地抓他的笔杆，竟然没有抓动，王羲之就说这个儿子掌握了书道的秘密。

书法握笔，指头在笔杆上使力，反而使不出力量来。手心要像握着一个鸡蛋，下笔时催动这个虚运出来的鸡蛋，字方能力透纸背，如有神助。

不是说王献之写字死扣笔杆，几根指头是抵不住王羲之奋力一拔的力量的，而是说王献之手心虚运出一个形，这个形有了实感，手中的笔别人就拉扯不走了。

王献之练一只手，我们练整个人，形意拳是大书法，这个虚运之形，身上曲折成空的地方都要有。

形意简单的练法就是练"辶"，这个部首叫"走之"。"、"这一点，就是沉着，拳要先练这个劲，一沉能着上，着上就是一沉。身子往下一沉，手能着上对方，千招万势都可以这么打人。

有了浑身一沉，看懂八打歌诀，浑身能沉能着。但做一把死锤子，光锤这一下也不行。沉下去，还要能起来，但这一起可就凤舞龙翔了，一把锤子变成十八般兵器。"、"要扯成"辶"——这是身法变化，也是劲催的。转七星，有了一沉再转，就能从一沉里转出新东西来。

形意拳在"走之"里。

另有一个熊形的要诀——狗熊人立。狗熊展腰方能立起，肩上托西瓜也要挺腰，才能撑住西瓜的重量。狗熊人立时，脚跟不着力，使用前脚掌支撑。重心放在前脚掌上，才能发力，后脚跟是虚的，轻易不实。

习武要先从弱点上练起，从失衡处下手。一般人都是右重左轻、头重脚轻、前重后轻。站熊形一开始要体会出自己的失衡，自己搞懂自己，右边重了，便要在左边加力量，或者将右边放松——这是熊形的轻重诀。

唐诗宋词清对联，因为清末要有场大变，人处动乱中，对平衡很需要，所以出了对联这种奇怪的文体。

熊形正如对对联，左右字字不同，但字字相应，如果相应不上，便有疾病。校正熊形，正如文人构思对联的情景，身上一分一寸都要对上。对联有横批，是点睛之笔，左右对上了，精华在头部，站熊形时头部是活的。

熊形最后要集中在两个小腿肚上找轻重。小腿肚就是毛笔的笔肚，弹性都在里面。熊形的提顿就是毛笔的提顿，提顿是古人发现的微妙。天地生万物，也是这一提顿,世间巧到极点的工艺,都是这一提顿。

轻重诀后是水火诀。水消减火,火消减水,上下、前后、左右要相互抵消,都抵消掉了,就整身和谐了,所谓"为道日损"。轻重诀只是力感,水火诀是气感。力感调对了,才可敏感到气,此时的气才可用。调不好力感,便只有乱气错觉。

熊形要形完气厚,站熊形要有气感,所谓"日久生情,静久生气"。会觉得上下身、前后身、左右身的气感不同,有清浊、爽腻、温寒的差别,便要让这不同的气感相互抵消掉。

轻重诀凝成一股力,水火诀凝成一团气。轻重诀和水火诀,关键要在行拳时体味,行拳时的力感、气感更迅速微妙,所以我们不叫打拳,叫打功架,注重的是功。

水火交融,产生风雷。拳打得很快,也许体内的轻重、水火是缓缓交融的;拳打得很慢,也许身内的轻重、水火交融猛烈澎湃,或是灵犀一动,立时安宁;有时候要强撑硬挺,打开个局面后,再缓和下来。一咬牙,就海阔天空了。

总之，以内为主，外面出现什么状况，就是什么状况了。不要死抠外形，死于形下。由外在形体求内在精神，是刻舟求剑，由内在精神通达外在形体，是一步登天。

西瓜是瓜心最甜美，因为是水火交际处，此处有风雷。每天吃一口西瓜心，能提神醒脑，顺心顺气。这一口就是最好的营养了，桃子也好，桃尖外凸，上接天气，桃底内凹，含着地气。

桃花没有味道，有也不好闻，但桃子熟了，气味浓郁如酒，通天地之气，可以感染人。唐师说，练拳时，是"电插头插在插孔里"，里面得通上——这就是风雷诀。

身体中轴线里得了电流，就能治早衰症了。水溅到炉子上，"刺啦"一响，这一响就是内功。这"刺啦"一声，所有的营养都在里面，雷音一响，大地回春，万物一瞬间都有了生机。有情况，斟酌情况，就峰回路转，体质也就有了转机。

天上的雷也是这一响，形意拳拳谱中凡是提到"雷"字的，都是内功。见到女孩子，满心欢喜，同时也触目惊心，这也是"刺啦"一响。内功要动情，无情就无生

李仲轩于家中

李仲轩演练拳术

趣了。情是情况，动情是出情况，很舒服也很可怕，美妙和惊险同在。

打熊形跟看病似的，病人呆坐，只能看出个大概，得让病人活动一下，出点声，就能看出潜伏的毛病。同样，光站桩，身体状况还不明显，得活动起来。

练熊形要先把自己当成一个重病患者，这个身体已经经不起折腾了，要很小心地体会自己——这是孔子讲的"慎独"，知道自己在干什么，知道自己怎么了。

让身体先动起来，好坏先不管，但好坏要知道。我们称孔子为"孔圣人"，他的道理是总括一切学问的，"慎独"二字是孔子死后，他的重孙子思披露出来的，叫"孔门心法"。

练拳要慎独，要像看戏一样看自己的缓急、得失、偏正、冷暖，但不要马上纠正，要像一个观众，不管戏好戏坏，总得由着演员把戏演完。

练拳等于演大戏，高明的戏子在演戏时，就明白自己的好坏了——要学会这个，这是练拳时的用心之法。此时要身心分离，心把身子放出去。

书法要空抡,在下笔前,要有不落在纸上的动作。如写一个小字,空抡时大横大撇,是写大字的规模,只不过落在纸上的是一个小字——这是"字"大于形。

练形意一掌劈出,不能仅止于掌上,要力所能及地放出去,这是"意大于形",是形意拳正常的练法。而慎独的练法,要身心分离,将意缩成最小,君王退位,百姓自理,让身体自己成方成圆,如特务跟梢,不能惊扰了目标。

诗人观风景会有名句自然涌上心头,其实人与风景之间没联系,无直接作用,但人可以感悟风景。形意拳是天成的一片风景,要体察它,不能练它。拳是我练出来的——错,拳是碰到的,冷不丁发现的,意外相逢的,而且永远天外有天。

打形意拳,会觉得自己渺小,人在高山大海前也会自感渺小,油然而生敬畏之心。高峰坠石、浪遏飞舟——这种天地间的惊人之举,在形意拳中都有。

大自然里有的,形意拳里都有——这是真话,王羲之是书圣,他说自然里有的书法里都有,圣人是这样见

识的，我们凡人也能体会出一点点。[壹]

书法写在纸上，是有迹可循的，书法尚且如此，更何况是无迹可循的拳？这不是玄谈，是最基本的拳理，是我们的起点。

经络不能乱想乱串，乱动心就把身体串坏了。不要一上来就串经络，我们只做六个方向，不东扯一条线，西钻一个眼，我们是做出一个空间。

没那么繁难，轻重、水火、风雷六个字就可以练功夫，可以一直练下去——这是以功夫从《易经》中验证出来的道理。

十年寒窗出一个读书人，七代出一个贵族，三百年出一个戏子。大戏子被称为"妖精"，的确如此，能惊天动地，能颠倒众生。他有绝顶聪明，一个意象很快就抓住，看到什么，想到什么，身上就有什么——这便是习武的资质了。

我们收徒弟，要在天才戏子中再挑选——也不可能，宁缺毋滥，得一个好徒弟，真是祖师爷显灵了，不衰你这一脉。

这里面的道理很深刻，练形意的人通过练拳，渐渐地就感知天命了，风水相术不用刻意去学，自己想想，就能明白个大概。

形意进入了高功夫，必定慈眉善目。什么是慈悲？这个人感知了天命，思维和常人拉开了距离。什么是悟性？悟性就是感天感地，把天地间的东西贯通在自己身上。

形意拳到了高级阶段，没有具体功法了，都是谈天说地。唐师不识字，生活范围窄，但一谈起拳来，也是天南地北的，令人感到很奇怪，他怎么知道的？但他就是知道了。

形意拳不是人教的，是天教的。我下象棋总能赢，别人说我算路深，其实我一步都不算，全是想当然，这是练形意拳得来的益处。

注　释

[壹]

草书成就最高的是"颠张狂素"二人，张旭的书法是从观公孙大娘舞剑中悟出的,论怀素的字,则用湖光山色。

杜甫《观公孙大娘弟子舞剑器行（并序）》：

……昔者吴人张旭，善草书书帖，数尝于邺县见公孙大娘舞西河剑器，自此草书长进，豪荡感激，即公孙可知矣。

昔有佳人公孙氏，一舞剑器动四方。
观者如山色沮丧，天地为之久低昂。
㸌如羿射九日落，矫如群帝骖龙翔。
来如雷霆收震怒，罢如江海凝清光。
绛唇珠袖两寂寞，晚有弟子传芬芳。
临颍美人在白帝，妙舞此曲神扬扬。
与余问答既有以，感时抚事增惋伤。
先帝侍女八千人，公孙剑器初第一。

五十年间似反掌，风尘澒洞昏王室。
梨园子弟散如烟，女乐余姿映寒日。
金粟堆前木已拱，瞿塘石城草萧瑟。
玳筵急管曲复终，乐极哀来月东出。
老夫不知其所往，足茧荒山转愁疾。
怀素《自叙帖》摘抄：
奔蛇走虺势入座，骤雨旋风声满堂。
初疑轻烟澹古松，又似山开万仞峰。
寒猿饮水撼枯藤，壮士拔山伸劲铁。
笔下唯看激电流，字成只畏盘龙走。
志在新奇无定则，古瘦漓骊半无墨。
醉来信手两三行，醒后却书书不得。
心手相师势转奇，诡形怪状翻合宜。
人人欲问此中妙，怀素自言初不知。
粉壁长廊数十间，兴来小豁胸中气。
忽然绝叫三五声，满壁纵横千万字。
驰毫骤墨列奔驷，满座失声看不及。
远鹤无前侣，孤云寄太虚；狂来轻世界，醉里得真如。

掩泪悲千古

笔者在1987年买过一本中国书店出版的《形意五行拳图说》，也是从那一年开始练形意拳的。那时还是个初中小孩，教拳的老师名李仲轩，已七十三岁，会点穴按摩。当时曾问李老师是武当派还是少林派，他只说是"尚云祥的形意拳"。

那时，李老晚上为西单的一家商店看店，便把笔者带过去，在一片家用电器的空场中练拳。白天练拳较少，只在星期天的中午到宣武公园里练。

其实每一次见面他几乎都不教笔者什么新的,只是在一旁看着笔者练。笔者有时赌气说:"你要再不教我,那跟我在家里一个人练又有什么区别?"他总是笑而不言。

他后来说,现在的年轻人比他们那一代要娇嫩,至十六岁骨骼仍未坚实,所以不要练得过勤,否则伤身,说:"七八岁开始练童子功的,是学唱戏的。"

李老讲他十几岁时第一喜欢唱戏,第二喜欢练武。当时家在宁河,请了一位武师在母系家族的祠堂里教拳。一次他练完拳后觉得浑身爽快,一高兴便唱起了京戏,结果遭到武师的痛骂。

说练武后连说话都不许,否则元气奔泻,人会早衰早亡的,更何况唱戏。那位武师名唐维禄,薛颠刚当国术馆馆长时,对于有的挑战者因碍于辈分情面不好出手,有一两次是唐维禄代为比武的。

唐维禄以腿功著称,他最佩服的人就是师兄尚云祥。尚云祥传下的崩拳里有一个类似于龙形的跳跃动作。

一次唐维禄和尚云祥一块去看戏，时间晚了，俩人便抄没人的胡同走，好施展腿功。唐维禄人高腿长，疾走在前，尚云祥身材矮胖，落后几步，以崩拳一跃就超了上来。

唐维禄有一个李存义传的药方叫"五行丹"，是比武受伤时救命用的，形意门中得此药方者不多。唐维禄将那药方传给了李仲轩，让他受了自己拳术、医药、道法全部传承，为衣钵弟子。但唐维禄认为自己只是一个没有名头的乡野武师，为了让自己的徒弟能够深造，便请求尚云祥收李仲轩为徒。

当时尚云祥年事已高，所收的徒弟都有徒孙了，传承已有两三代，而李仲轩当时还未到二十岁。对于唐维禄的请求，尚云祥说，收徒可以，但李仲轩将来不要再收徒弟，否则我这门的年龄与辈分就乱了。

李老跟随尚云祥学艺的时间并不很长，是断断续续的两年。据他说在拳术未成时，为谋生计去了天津，一直忙忙碌碌。尚云祥谢世后，渐渐地便与武林少了来往。

李老当年对笔者说："之所以教你练拳，是觉得你学武的热忱不会持续多久，就先暂且教教。"现今回想起来，他的晚年极其落拓寂寞，可能只是想借着教小孩来给自己找点生活乐趣。

笔者买的那本《形意五行拳图说》的作者靳云亭也是尚云祥弟子。可李老教的拳架和《形意五行拳图说》影印照片上的姿势相差很大，主要是没有靳云亭表现出来的那种左右撑开，上下兜裹的横劲。

李老说先前唐维禄教的也是这股横劲。唐维禄曾比喻："如果和别人比试撞胳膊，他直着撞来，你在相撞的时候，将胳膊转一下，他就会叫疼。"

这是个力学原理，因为这样一来，就不是相撞了，而是以一个抛物线打在对手的胳膊上，学会了这个抛物线，浑身都是拳头。这种遍布周身的抛物线，便是形意拳的横劲。对于这一点，靳云亭在照片上留下的影像可称典范，明眼人一看便知有功夫。

五行拳中横拳是最难学的，唐维禄让李老从钻拳和蛇形中去体会，慢慢地横拳就会打了，进而对形意拳肩、臀、肘、膝的近身打法也能领会了，再学习十二形，不需指点便能知其精髓。

高深武术的学习肯定是有次第的,次第便是一通百通的途径。据唐维禄讲,薛颠平时以猴形来练功,动作之变幻达到匪夷所思的程度,手、脚、肩、胯可以互换打法,这一奇技是练通了横劲才能有的。由此可见横劲是深入形意拳系统的基础,也正如拳谱所言:"形意拳之母是五行,五行之母是一横。"

但李仲轩向尚云祥学艺时,尚云祥第一要改的便是他身上的这股横劲,收敛了撑兜滚裹,只是简单的一进一退,手的一伸一缩。而且练拳时两只脚腕要180度别扭地撇开,犹如将人扎在口袋里,浑身使不出劲。

只要一使劲便不由自主地摔倒,更无法拔背挺身。他跟尚云祥学了一段时间后,浑身上下总觉得不顺,一举一动都变得困难,像小孩似的重新学走路,后来慢慢地走路的姿势起了变化,和尚云祥很像,温温吞吞的非常散漫,此时行拳便有了一种空空松松的自然感。

对于《形意五行拳图说》与李仲轩老师所教拳架的不同问题,可能是尚云祥根据每个学生的基础,纠偏扶

猴形

正，所教的侧重点有别。

当时形意拳的五行拳、十二形拳都印了书，在武馆里公开传授。要个别秘传的是"熊鹰合形"，据说连五行拳都是脱胎于它，是形意拳最古老的架势。唐维禄教过他"熊鹰合形"，是一个擒拿动作，双手运动幅度很大。

尚云祥也说要教他"熊鹰合形"，一示范，李仲轩发现和五行拳里的劈拳没什么两样，尚云祥解释说："劈拳就是一起一伏，用躯干打劈拳就是'熊鹰合形'了。"

然后垂着手在院子里走了一圈，身上并不见有什么起伏。尚云祥又说："不但要用躯干，还要用躯干里面打劈拳。"

李仲轩老师回忆当年学艺，对于尚云祥"要练功，不要练拳"的话印象最深。去天津谋生前向尚云祥告辞时，对尚云祥说，怕以后忙起来没有时间练拳了，而且所住的群居环境练拳多有不便。尚云祥嘱咐他："你要学会在脑子里练拳，得闲时稍一比画，功夫就上身了。"

李仲轩老师晚年靠给西单一家电器商店守夜谋生。在1988年冬天出车祸，一度全身瘫痪，口不能言，医院诊断是小脑萎缩。

他那时被运回门头沟的老屋里待死，然而四个月后竟然可以下床行走，语言和神志都恢复了清晰，只是从此体质明显地虚弱。但作为一个七十四岁的老人能有如此的恢复力，不能不说是一个奇迹。

他说这要感谢尚云祥、唐维禄两位师傅在年轻时给了他一个好的身体底子。他刚能下床时，笔者去看他。他告诉笔者，尚云祥的剑法从不外露，其实造诣极深，有时以剑来教拳。因为练拳不开悟的话，练到一定程度就练不下去了，尚云祥就让学生从剑法里找感悟。

为了说明这一道理，李仲轩老师当时扶着桌子站立，让笔者拿一根筷子刺他。不管笔者从哪个方向刺去，他总能用他手里的筷子点在笔者的腕子上，后来忘了他是病人，笔者刺扎的动作越来越快，但不管有多快他还是能打中笔者的手腕，而且他的动作还是慢慢的。

笔者问他这以慢打快是什么缘故，他说这就是形意拳走中门、占中路的道理。

笔者向李仲轩老师学武术的时间只有一年，甚至连十二形也未来得及学。以后正如李老先前所料，笔者对拳术的热忱不久便退了，以学习、工作为借口而荒废了。

这里介绍的尚云祥拳法，其实只是尚门形意的鳞爪。开始整理文章时，李仲轩老师已经八十五岁了，不知何时便会谢世，笔者很希望他能收下一个真正习武的学生，甚至还帮他物色过几人，而他却说："不了，跟尚师傅发誓啦。"

李老一生没有收徒，生前在《武魂》杂志上发表声明，谁称是他的徒弟，谁便是冒名者。李老九十岁辞世，在形意传承上，李老这一脉算是断绝了。但李老谈拳的话语，在广阔后学中，能有人去体味，便是李老余音未绝。

第四编 薛门忆旧

薛颠（1887—1953），河北束鹿人，李存义弟子，天赋极佳，后拜师山西李振邦，进而入五台山拜师于虚无上人灵空长老，下山后主管天津国术馆，著书立说，传出新式拳法——象形术。

世人闻此皆掉头

近来见到了旧版拳谱重新刻印的一套丛书,其中有薛颠在1933年的一本老书,名为《象形拳法真诠》,不由得顿生感慨,忆想起六十年前的一些往事。

我学拳时,正是薛颠名声最响的时代,他继承了李存义公开比武的作风,担任国术馆馆长期间,缔造了形意拳的隆盛声势,在我们晚辈形意拳子弟心目中,是天神般的大人物。

我的两位师傅唐维禄、尚云祥与薛颠的关系极为密切,我跟随尚师在北京学艺期间,一度觉得功夫有了长进,体能很强,有了股天不怕地不怕的豪迈,其实只是进入了形意拳明劲阶段[壹],是练武的必然,只能算是入门后的第一阶段,可是心里真觉得自己可以当英雄了,当时有一念,想找薛颠比武。

我把自己的想法跟尚师讲了,尚师什么也没说。但过了几天,我的启蒙老师唐维禄就从宁河到了北京,将我狠狠批了一顿。唐师说薛颠身法快如鬼魅,深得变幻之奇,平时像个教书先生,可脸色一沉便令人胆寒,煞气非常重,他那份心理强度,别人一照面就弱了。[贰]

唐师训我时是在尚师家的院子里,尚师在屋里歇息。院子里摆着几个南瓜,唐师用脚钩过个南瓜,对我说:"你要能把这南瓜打碎了,你就去比吧。"他的眼神一下就将我镇住了。南瓜很软,一个小孩也能打碎,我却无法伸出手来打碎那个南瓜。

见我的狂心没了,唐师又对我说:"薛颠是你的师叔,找他比武,别人会笑话咱们的。他是在风头上为咱们挣

薛颠与人对练的照片

薛颠继承了李存义公开比武的作风，担任国术馆馆长期间，缔造了形意拳的隆盛声势，为形意拳的普及做出了很大的贡献。组图中薛颠展示了十二形的精髓部分。

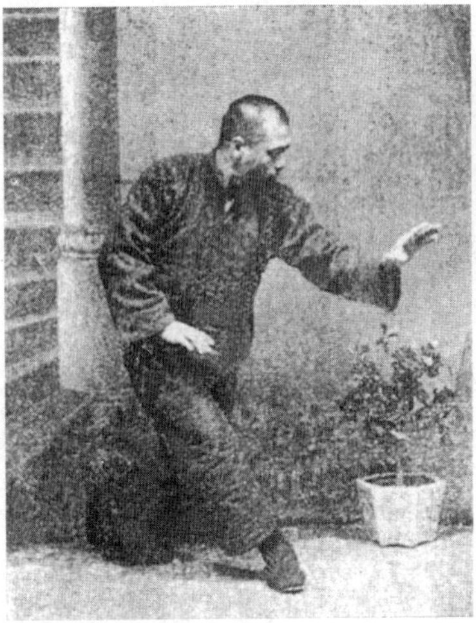

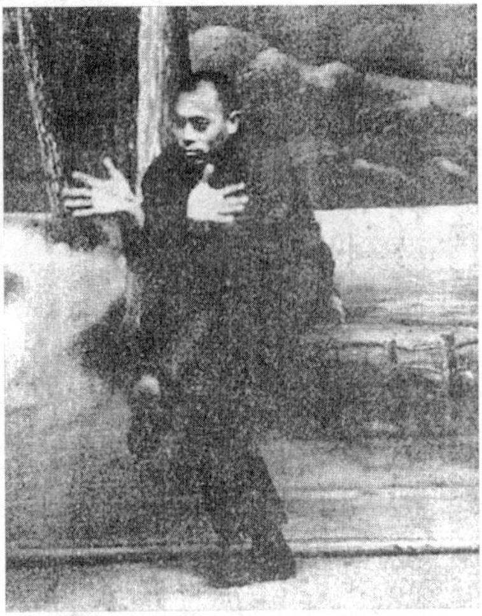

250

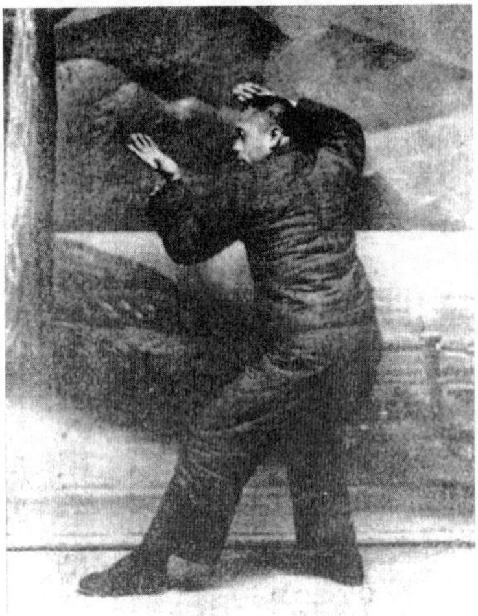

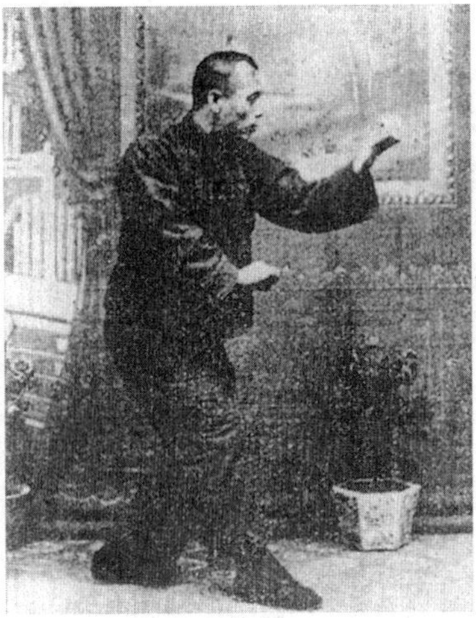

252

名声的人，要懂得维护他。"

我对薛颠最初的了解还是从别处听闻的。李存义生前有一个好友，略通形意，会铁裆功。铁裆功不是像一般人想象的，练得裆部如铁，不怕比武受伤，而是一种健身术，属于秘传。

他七十多岁依然体魄健壮，爱表演功夫，甚至在洗澡堂子里也表演，喜欢听人夸他"身上跟小伙子似的"，是个奇人。结果招惹了一伙流氓找他麻烦，他托人给唐师捎来口信，要唐师帮他解决。

唐师让我去办这件事。我去了一看，这伙人玩弹弓，奇准，知道不是一般的流氓，而是武林朋友在捉弄人。我就跟他们讲理，估计是见有人来出头，更要找别扭，他们在言辞上没完没了地纠缠。

我便将手握在茶壶上，在桌面上猛地一磕，茶壶就碎了，又说了几句，他们就答应不再找麻烦了。

其实他们原本就不是真要伤人，见我动怒，自然不闹了。这老人对我很感激，为了报答我，他说："我指点一下你的武功吧！"他是李存义生前的好友，从李存义那里听了些拳理，他把他想明白的、想不明白的都说给我了。

我在他家住了一晚，他很善聊，说着说着就说到了薛颠。他说薛颠是李存义的晚期弟子，天赋极高，李存义平时总是在人前捧他。这种师傅捧徒弟的事，在武林中也常见，使得徒弟很容易打开局面。

后来薛颠和师兄傅昌荣在一座两层的酒楼比武，薛颠说："这不是一个比武的地方。"傅昌荣说："打你不用多大地方。"——这是激将法，薛颠仓促出手，傅昌荣一记"回身掌"把薛颠打下了酒楼。

他是从二楼栏杆上摔下去的，摔得很结实，看热闹的人都以为他摔坏了，不料他马上就站了起来，对酒楼上的傅昌荣说了句："以后我找你。"便一步步走了。

薛颠一走就不知了去向，直到李存义逝世后，薛颠才重又出现，自称一直隐居在五台山。薛颠复出后很少提自己是李存义的徒弟，说是一个五台山老和尚教的他，叫"虚无上人灵空长老"，有一百二十岁——对于这个神秘的人物，许多人觉得蹊跷。[叁]

难道是薛颠将自己参悟出的武功伪托在一个根本就不存在的人名下？所谓的"虚无上人灵空长老"，是不是隐含着"虚无此人，凌空出世，前后无凭，原本假有"的意思？所谓的一百二十岁，古代六十年为一甲子，为一轮回，也许隐含着自己"再世为人"的意思？

可能因为多年前的比武失败，心高气傲的薛颠自己将自己逐出了师门，觉得丢了师傅的面子，所以自造了一个虚无缥缈的师承——这只是想当然的猜测，其实真有这位老和尚，只不过不是这个法号，真法号我已经忘记了。

此番复出，薛颠显得很是知书达理，接人待物客客套套，可是又有点令人捉摸不透。他在一次有许多武林人士的集会上，突然表演了一手功夫，不是打拳，只是在挪步，跟跳舞似的在大厅逛了一圈，但将所有人都惊住了，因为他的身体展示出了野兽般的协调敏锐和异常旺盛的精气神，当时就有人议论薛颠的武功达到神变的程度。薛颠表演完了，便宣布向傅昌荣挑战。

以上便是那位前辈给我讲述的故事。薛颠与傅昌荣的二次比武，惊动了尚云祥。尚师说："咱们师兄弟，比不上亲兄弟，总是比叔伯兄弟要亲吧，怎么能斗命呢！"这场比武就给劝开了。尚云祥很赏识薛颠，以大师哥身份，让薛颠接了李存义的班，当上了天津国术馆馆长。

薛颠成为国术馆馆长后，以尚云祥为首，所有的师兄弟都颂扬他，凭着这极高的名望，他终于令形意拳在大都市有了民众基础，闯开一片天地，而在此之前拳术多在乡野，拳师为文人所轻。

社会上有"强国强种"的口号，所谓强种要用练武来强，普传拳术是当时武林人士视为己任的爱国大事，流行出版武术书。可是由于形意拳自古的规矩，拳术心诀不能普传，所以许多形意拳的书都是在展示架势和一些练拳达到一定水准后方能看懂的口诀，对于普通读者并不能直接受用。

当时民族危机极其严重，薛颠想让国民迅速强悍，手把手地授徒觉得来不及，开始思索写一本真正可以自学的书，就有了这本《象形拳法真诠》。只要是得形意拳真传的人，一看这本书便会发觉，所谓的象形术就是形意拳。难道为避开旧规矩，薛颠伪托了一个象形拳的名目，将形意拳的大部分奥妙公布了出来？

这是一种猜测，其实象形术是与形意拳渊源很深的一种拳法，古来有之。薛颠泄漏秘诀，想让人照书自学，也不过是个美好愿望，因为武术是身体动作，必须得有人教，学会后可以自修，是无法直接自学的，不管公布了多少秘密，光有书本，也还是不够。

虽然如此，这本《象形拳法真诠》到了练形意拳的人手中，却有画龙点睛的妙用，多亏了薛颠当年利国利民的想法，才能使我们这些形意拳后辈得益。可以想象，如果不逢民族危机，一个只在武林中讨生活的拳师，又怎能舍得将秘诀公开？

薛颠早年的比武失败，烙印终生，逆转了他的命运，后来虽享有很高名望，但没有得到善终，可以说是暴死。所以有很长时间，人们对于薛颠都是避而不谈，也没有人自称是薛颠的传人。

我后来在唐师的介绍下，正式在天津拜师薛颠，但学习的时间短暂，当时有薛颠侄子薛广信（大约是此名）在场。一晃六十年过去，又是一个甲子，不知薛门的师兄弟们是否安好？

此本《象形拳法真诠》，用词精美，文法简洁，是形意拳书中不可多得的上乘文字，便于读者心领神会，所写功法寥寥数语便交代清楚，毫不含糊，都是真体会，现仅摘出三处加以评说，显示一下深浅，书中其余部分，读者自可据书再究。

一、《象》书总纲第一章第四节"桩法慢练入道"

许多人都知道形意拳站桩，长功夫的关键也在桩功，但如何站法却很含糊，有的书谱上只是讲解了眼、耳、鼻、舌的内敛要领，似乎站桩便是站着不动了，附会上佛道的入定之说，好像一动不动得越久越好——这是误导。站着一动不动，只能令肌肉苦楚，精神挫折。

这一小节便将形意拳桩法的秘密公布出来，桩法是活动的，不是静功而是慢练。薛颠原话为"此桩法之慢练，增力之妙法也，慢慢以神意运动，舒展四肢"——桩法是动的，只不过动得极慢，外人看不出来。

这"慢慢以神意运动"七字真可谓价值万金，而且说明桩法的功效为"脏腑清虚、经络舒畅、骨健髓满、精气充足"，特别标示"而且神经敏锐"，不如此，便是练错了。

二、《象》书总纲第十一章第十二节"体呼吸"

许多人都知道形意拳是内家拳，此拳是可以悟道的，但拳谱上往往只有拳法，简单陈列出从道经摘抄的语句，至于如何由拳入道，便含糊了。薛颠所言的体呼吸正是形意拳入道的法门，薛颠原句为："从全体八万四千毛孔云蒸雾起而为呼吸，此节功夫，乃是精神真正呼吸，非有真传难入其道，非有恒心难达其境，学道者，勉力为之。"

三、《象》书上编第六章第一节"五法合一连珠"

形意拳古传有一个名为"圈手"的动作，又称"风摆柳"，可以健身可以技击，据说涵盖五行十二形的精华，没得传授的人猜测是一个类似于太极拳"云手"的两臂画圆运动。

其实圈手开始时的确类似于太极云手的两臂画圆，

幅度小，运动慢，是为了调周身的气血，等真正练起来，不是两臂画圆，而要用整个身体上下左右地画圆，至于具体的运动轨迹为怎样，大约是薛颠的"五法合一连珠"那样。

形意拳讲究五行，对应金、木、水、火、土的是劈、崩、钻、炮、横五拳；薛颠的象形术对应金、木、水、火、土的是飞、云、摇、晃、旋五法，其中飞、云二字是借用剑法用词，有人想当然地认为这五法就是形意五行拳的变形，是换汤不换药。其实不然，薛颠的五法不是从五行拳来的，倒是和圈手有渊源，所以略过他对五法的分别讲述，对五法连贯演练的连珠却要好好参究。

注　释

[壹]

李存义论"刚柔明暗":

刚者,有明刚、有暗刚;柔者,有明柔、有暗柔也。明刚者,未与人较手时周身动作神气皆露于外,若是相较,彼一用力抓住吾手如同钢钩一般,气力似透于骨,自觉身体如同被人捆住一般,此是明刚之内劲也。

暗刚者,与人较手动作如平常,起落动作亦极和顺,两手相较,彼之手指软似绵,用意一抓,神气不只透于骨髓,而且牵连心中,如同触电一般,此是暗刚之内劲也。

明柔者,视此人之形式动作毫无气力,若是知者视之,虽身体柔软无有气力,然而身体动作轻如羽,内外如一神气,周身并无散乱之处。与彼较手时,抓之似有，再用手或打或撞而又似无，此人又毫不用意于己，此是明柔中之内劲也。

暗柔者，视其神气威严如同泰山，若与人相较，两手相较其转动如钢球，手方到此人之身，似硬，一用力打去，则彼身中又极灵活。手如同鳔胶相似，胳膊如同钢丝条一般，能将人以黏住或缠住，自己觉着诸方法不得手，此人又无一时格外用力，总是一气流行，此是暗柔中之内劲也，此是余与人道艺相交，两人相较之经验也。

[贰]

李存义论观敌神气：

学者若遇此四形式（明刚、暗刚、明柔、暗柔）之人，量自己道理深浅，神气之薄厚而相较量。若是自己不能被彼之神气欺住，可以与彼相交；若是观其面先被彼之神气罩住，自己先惧一头，就不可与彼较量。若无求道之心则已，若是有求道之心，只可虚心而恭敬之，以求其道也。

兵法云：知己知彼，百战百胜。能如此待人，可以能无敌于天下也。并非人人能胜方为英雄也。

[叁]

《象形拳法真诠》薛颠"自序"的章节，对这位僧人的记录为："虚无上人法号灵空，五台南山卓锡崇峰。两度甲子其颜尤童，求真访道三教精通。参赞古易象理禅宗，以术延命普度众生。负荷斯道传之无穷。"指出此位僧人在五台山南台卓锡崇峰。

心亦不能为之哀

我们刘奇兰派系形意拳的辈分字号很严格,有了下一代传人,要按规定求字号取名字,我们的字号是"心存剑侠,志在建国"[壹],后面还有,但我不收徒弟,无心求这些,这么多年也就记不得了。尚云祥号剑秋,傅昌荣也号剑秋,俩人重了名号。唐维禄是唐剑勋,我是李艺侠。

形意门老辈出名的人都在"心存剑侠",但形意拳不止"心存剑侠",这是复兴的形意拳,还有未复兴的形意拳,薛颠的象形术便来源于此。以前反清的白莲教教众练形意拳,失败后,清兵见了练形意拳的就当是白莲教的,非关即杀,练者只得隐逸。

后来一个叫姬际可[贰]的人自称在古庙捡到了岳飞全集,可惜只有半册,属于总论章节,应该还有十几册,却不知在哪儿。[叁]

其实他是访到了形意拳的隐逸者,说捡到书,不过是幌子。在他的庇护下,形意拳得到了复兴。[肆]

他复兴的是后来李洛能这一系,郭云深不是李洛能教出来的,他是另有师传(有说是家传),因为李洛能这一支见了光,所以来受教归附,与刘奇兰称了师兄弟。

形意拳书面的历史自姬际可开始,但还有史前的形意拳,一直并存。薛颠的《象形术》书上说象形术传自"虚无上人灵空长老",这就不免让人想起《红楼梦》里的"茫茫大士渺渺真人"。

《红楼梦》是曹雪芹写的,但曹雪芹自己说是"茫茫大士渺渺真人"把书传给了贾雨村,贾雨村再传给他的[伍]。茫茫渺渺、假语村言都是"并不实有其人"的意思，绕了一圈，还是说自己写的——薛颠的象形术是否也是这种情况，说是别人教的，其实是他自己发明的？

实际上，虚无和尚确有其人。象形术是老样的形意拳，还是老样形意拳的发展？如果是后者，那么是在虚无和尚前成熟的，还是成熟在薛颠身上？

这我不晓得，但当时武林公认薛颠的武功确是世外高人所传，因为一搭手就体会出他的东西特殊。老辈的武师讲究串东西，相互学，见面就问有何新发现，一搭手就彼此有了底，说"晚了"就表示输了一筹。

薛颠是一搭人手，就告诉别人："你晚了。"别人还没反应过来，再搭，薛颠做得明确点，别人就自己说："晚了，是晚了。"

那个时代因为有这种风气，每个人的分量大家都清楚，所以没有自吹自擂的事。甚至不用搭手，聊两句就行，不是能聊出什么，而是两人坐在一块，彼此身上就有了感觉，能敏感到对方功夫的程度。

那时有位拳家说："谁要是躲过了我头一个崩拳，

我第二个崩拳才把他打倒,他可以骄傲。"这位拳家有真功、有天才,说的话也做到了,但限制在跟他交手人的范围里。而尚云祥、薛颠是当时形意门公认的成就者,他俩的拳都是"要着命"的拳,如果是不熟悉不相干的旁人,就没有搭手一说了,不是你死就是我亡,因为形意拳就是这么练的。

除非武功相差十万八千里,否则,你不要他俩的命是打不败他俩的。把尚云祥、薛颠打飞了而又没伤亡——能给尚云祥、薛颠留这么大余地的人,起码当时出名的人中没有。[陆]

高功夫的人之间不用比武,也无法比武,一旦动手,都不敢留余地,没有将人弹开一说,手上的劲碰到哪儿就往哪儿扎进去,必出人命。

练武者要能容人,但不能受辱,这是原则。薛颠脾气很好,但自尊心强,受了辱,天塌了也不管。尚师是连续几日的腹泻后去世的,唐师也是这样,均算是善终。

丁志涛是自杀而死,薛颠的晚年我了解不详细,如果他犯了脾气肯定会闯祸。薛颠的武学现在流传得不广,但也可以说流传得很广，因为当时练形意拳的人多串走了薛颠的东西，有的是自己来串的，有的是派徒弟串的。

串走的主要是十二形[來]，当时刘奇兰—李存义派系大多数人练形意拳就是练五行拳，对十二形有传承，但只练一两形或干脆不练。其实功夫成就了，练不练十二形无所谓，但对十二形不熟悉，传承上就不完备了。

薛颠从山西学会了十二形，就无私地串给同辈人。所以这一系各支一直都称有十二形，其实在有的支派中十二形一度中断，他们现在的十二形不是传承来的，而是串来的。

当然，不见得都串自薛颠。至于书中提到的薛颠师傅李振邦，薛颠也未对我说过，我就只知道薛颠早年受李存义教授，李振邦有可能是传给薛颠十二形的师傅。

至于"虚无上人灵空长老"，他不是行脚僧，而是有庙定居，薛颠说他求学那几年剃光头穿僧衣，住庙练武。他是输给了傅昌荣赌气出了家，碰巧庙里有高人？还是看到老和尚练武后投身入庙的？

他连他是否正式出过家都不说，这两个问题我更无法回答。虚无上人灵空长老不是老和尚的真法号，薛颠说不好这老和尚的年龄，遇到时大约一百出头，书上说"两度甲子"，一甲子是六十年，说有一百二十岁。

这种世外高人，不求名利，越是无声无息越好，做了他徒弟的不能随便问。薛颠的含糊是真含糊，不是凭空编了个老和尚。

因有住庙的经历，薛颠知道佛学，他还研究《易经》，也正因为看《易经》所以对八卦掌好奇，但从尚云祥学了八卦掌后，他能教会别人，自己却不练。

其实他什么都不信，武练得入迷，不入迷不上功，练武人有自己一套，佛道只是参考。他是精细较真的人，但一论武就入迷，我拜师时没钱，他怕我送他礼，就说："什么也别给。一个棍子能值几个钱，剑我有的是。"

因为他一天到晚只有练武的心思，一听说送礼，第一反应就认为是送兵器。

练武的心思怎么动？练拳时，好像对面有人，每一手都像实发，是像实发而非实发——只能这么说，否则越说越说不清。

自己要多安排几个假想的对手，慢慢地练拳，但一拳出去要感觉是以极快的速度冷不防打倒了其中一人，其他人还盯着你呢。不要想着正式比武，要想着遭人暗算。

等到真比武脑子就空了，一切招式都根据对方来，等着对方送招，对方一动就是在找挨打，所谓"秋风未动蝉先觉"，不用秋风扫落叶，秋天有秋天的征兆，一有，蝉就知道了。

比武就是比谁先知道，形意拳的后发制人，不是等对方动手了我再动手，而是对方动手的征兆一起，我就动了手。不是爱使什么招就使什么招，要应着对方，适合什么用什么，平时动心思多练，一出手就是合适的。只有练拳时方方面面的心思都动到，在比武电闪雷鸣的一瞬，才能变出东西来。

站桩时，也要动起步趋进、侧身而闪的心思，外表看似不动，其实里面换着身形。要静之又静，长呼长吸，站空了自己。

如何是站桩成就了？薛颠定下两个标准：一、一站两小时；二、手搭在齐胸高的杠子上，姿势不变，两脚能离地——不是较劲撑上去，而是一搭，身子浮起来似的，这表明身上成就了。

这两点薛颠都做到了，我做不到，我是落后的，只是没落伍而已。我就一个浑圆桩，旁的不练。当时没有薛颠，大多数人不知道有站桩这回事。

李存义有桩法，但他自己不站桩，他的桩法都融入拳法里了。站桩要力丹田，一力丹田就顾不上累了，桩法能融入拳法里，拳法也能融入桩法里，体会不到丹田，跟高手过一次招就明白了。

力丹田不是鼓小肚子。猎人捉狗熊，要先派狗围着咬，那些小狗非常亢奋，因为它们骨子里怕极了，狗熊一巴掌能把它们抽得血肉模糊，但为什么扑上去狗熊也畏缩？因为小狗力了丹田。

跟高手比武，精神一亢奋就觉得有种东西兴旺起来，这就是力了丹田。说不清楚，只能体会，给人打出了这个东西，站桩就兴旺这个东西。

人眼光散了，干什么都没劲，站桩要眼毒，不是做出一副狠巴巴的样子，而是老虎盯着猎物时伺机而动的状态——这也不对，因为太紧张，要不紧不慢方为功，肌肉紧张出不了功夫，精神紧张也出不了功夫，站桩时肌肉与精神都要"软中硬"，眼神要能放于虚空，就合适了。

还有，丹田不是气沉丹田，要较丹田，肛门一提，气才能沉下来了，否则气沉丹田是句空话，上提下沉这就较上了。较丹田的好处多，学不会较丹田，练拳不出功夫，等于白练。

站完桩要多遛，这一遛就长了功夫，遛是站桩的归宿，遛一遛就神清气爽，有了另一番光景。薛颠说站两个小时，是功夫达标的衡量准则，是功夫成就了，能站两小时，练功夫时则要少站多遛，不见得一次非得两小时。

还有一个长功夫的标志，就是站桩站得浑身细胞突突——高密度、高深度的颤抖，由突突到不突突再突突，反复多次，这就出了功夫，站桩能站得虎口、指缝里都是腱子肉，这是突突出来的。

李存义不用站桩也成就了，立站桩为法门是薛颠留给我们的方便。薛颠的国术馆在天津河北公园里，公园没有围墙国术馆也没有围墙，练武踩出来的地就是国术馆的院子，国术馆有耳房两间，正房只有三间，再加上没有围墙，所以被称为"小破地方三间房"，但就是这么个小破地方，令很多青年向往。

当时薛颠将他的徒孙们招来集训，亲自教，他们见了我就说："小李师叔来了？"我跟他们一块学的，但就大了一辈。

在薛颠这里没有"点拨三两句"的轻巧事，一教就黏上你了，练得都没耐心了，他还没完没了，他就是喜欢武术，没旁的嗜好，五十多岁才会喝酒，从不抽烟，他教你拳，他自己也过瘾。

注 释

[壹]

民国三年（1914），李存义最后一次到太谷，与同门师兄李复祯、布学宽、宋铁麟、刘俭等共同商讨形意门人辈次，决定从李洛能第二代传人起，以"华邦惟武尚社会统强宁"十字，作为各派统一的辈序。

从"华—宁"，可以分析立辈序的时代背景，是在国家尚且完整的情况下。而李老提供的"心—国"，则含有亡国之恨。并且"华—宁"辈序十个字，李老的"心—国"，已有八字，并说后面还有数句，像是更老的做法。

综合早期形意拳门人反清复明的历史，李老提供的辈序，似乎是在"华—宁"之前的，而且是分派私传的。李老当初在《武魂》杂志上公布多数人不知道的"心—国"序名号，是向少数人表明身份的用意。

"华—宁"辈序形意门人尽人皆知，并已向社会公开，而"心—国"辈序待考。

[贰]

姬际可，字龙峰，明末人，精于枪法，人皆以为神。后为适应太平时代，避免枪械管制，将枪法变为拳法。（此为一种说法，待考。）

[叁]

《姬际可自述》中提到：

老朽备受艰辛，真乃言莫可喻。只身宿古刹，四壁肃然，单将东配殿修葺以避风雪，深夜为猛兽咆哮所惊，难以就寝。一夜掣剑逐兽返归，偶见西配殿内隐隐有光。

当时明月皎洁，老朽疑由破窗射入。仔细辨别，更为可疑，顿生好奇之心，燃油松上照，土蔽尘封，显出点点微光。纵身一跳，跨上横陀，竟见承尘之上有一柄古剑，一个木匣。

老朽捧来端详，剑鞘古雅，剑光耀目，锋利异常，上嵌"汤阴岳氏"四字，并无剑名。老朽不识其剑，实知其人。再启木匣，却是一部手册，题名《六合经拳》，其中五行变化灾害原理，阴阳造化之枢机，起落进退虚实之奥妙，武技之精华尽集于此。

老朽感焉，悉心研习其精义，十易寒暑，会其理于一本，通其形于万殊，以六合为法，五行十二形为拳，以心之发动曰意，意之所向为拳，名曰心意六合拳。

[肆]

姬际可是清廷武官，或是身后有清廷武官支持，甚至有说姬际可是满清或蒙古皇室，名为"亓亓可"或"齐齐可"。

而有说他受清廷通缉，曾遁入少林寺，其流传下的《姬际可自述》有言："彼时因落魄江湖，毫无寸进，既不能遂平生之志，又不能重返故园，生趣毫无，遂生遁世之心。"他的真实生平待考。

[伍]

直寻到急流津觉迷渡口，草庵中睡着一个人，因想他必是闲人，便要将这抄录的《石头记》给他看看。那知那人再叫不醒。空空道人复又使劲拉他，才慢慢的开眼坐起，便接来草草一看，仍旧掷下道："这事我已亲见尽知。你这抄录的尚无舛错，我只指与你一个人，托他传去，便可归结这一新鲜公案了。"空空道人忙问何人，那人道："你须待某年某月某日某时到一个悼红轩中，有个曹雪芹先生，只说贾雨村言托他如此如此。"说毕，仍旧睡下了。

那空空道人牢牢记着此言，又不知过了几世几劫，果然有个悼红轩，见那曹雪芹先生正在那里翻阅历来的古史。空空道人便将贾雨村言了，方把这《石头记》示看。那雪芹先生笑道："果然是'贾雨村言'了！"空空道人便问："先生何以认得此人，便肯替他传述？"曹雪芹先生笑道："说你空，原来你肚里果然空空。既是假语村言，但无鲁鱼亥豕以及背谬矛盾之处，乐得与二三同志，酒馀饭饱，雨夕灯窗之下，同消寂寞，又不必大人先生品题传世。似你这样寻根究底，便是刻舟求剑，胶柱鼓瑟了。"那空空道人听了，仰天大笑，掷下抄本，飘然而去。一面走着，口中说道："果然是敷衍荒唐！不但作者不知，抄者不知，并阅者也不知。不过游戏笔墨，陶情适性而已！"后人见了这本奇传，亦曾题过四句为作者缘起之言更转一竿头云：

说到辛酸处，荒唐愈可悲。

由来同一梦，休笑世人痴！

[陆]

这位拳家的传人,称这位拳家把尚云祥打飞起,头破屋顶,打得薛颠搭手即飞,而且尚、薛二人不但没有受伤,还一个兴致勃勃地探讨拳理,一个大呼小叫地招呼徒弟跪拜。

[柒]

十二形歌诀:

龙性属阴搜骨能,左右跃步用柔功。双掌穿花加起落,两腿抽换要灵通。

虎性属阳力勇猛,跳涧搜山它最能。抢步起时加双钻,双掌抱气扑如风。

猴性轻灵起纵轻,机警敏捷攀枝能。叼绳之中加挂印,扒杆加掌向喉中。

马有垂缰疾蹄功,跳涧过步速如风。丹田抱气双拳裹,左右双冲是真情。

鼍性最灵浮水中,左右拨水是真形。又有钻意加侧打，左顾右盼拦中用。

金鸡报晓独立能，抖翎发威争斗勇。独立先左后右意，食米夺米上架行。

燕性轻盈抄水能，向后展翅快如风。上托提撩三抄水，全部动作要轻灵。

鹞有束身入林能，又有翻身钻天功。先从束身后入林，钻天翻身前后同。

蛇性玲珑拨草轻，屈伸如意蟠绕能。左右斜拨是靠打，横劲原由坎中生。

鲐性最直能竖尾，上架下落用拳行。展翅之中有挽式，虚心实腹真道成。

鹰性烈狠捕捉能，上似劈拳下掳功。左右行之可进退，钻翻采掳是真情。

熊性沉稳威力猛，外阴内阳升降中。裹翻之中有横拳，左右斜行起落从。

鹰熊合演拳掌变，起鹰落熊走两边。钻时提足须含意，落时劲贯毫发间。

处事若大梦

薛颠的象形术有飞、云、摇、晃、旋五法，此次讲飞、摇二法。

云是绕，飞是挑，而绕、挑并不能概括云、飞。

象形术与形意拳在练法外观上的区别是，形意拳是一条直线打下去，而象形术走一二步便转身了，练转身就是在练身法。谈象形术，讲飞必讲摇，在飞、云、摇、晃、旋中，飞、摇是一体相续的。

说拳先说武德。武德是练武人的救命草，没武德伤害他人是一方面，更糟糕的是，会把自己弄得家破人亡。唐维禄逐出的徒弟一个姓李，一个姓田，那位姓李的是在唐师教他时，对唐师突然袭击。

姓田的一拳能把土墙掏个窟窿，说要到外地行侠仗义去，把两个儿子托给自己父亲，他父亲不管。他很恼火，顺手给了小儿子一拳，竟然把小儿子给打死了，大儿子跑了，他就把小儿子给埋了，埋的时候没完全断气。

如果习武而不修武德是不会有好收场的。我是由袁斌介绍给唐师的。袁斌一次和媳妇吵嘴，一怒之下把媳妇的脚腕子给掰断了，他媳妇几日后上吊自杀了。

我为此登门把袁斌骂了一顿，说："你把嫂子逼死了，嫂子多好的人，你出手怎么那么狠！"他很痛苦，说："我在气头上。我不想这样呀。"

他和唐师都在一个叫"清礼"的民社，奉行不抽烟、不喝酒的生活方式，虽然唐师没把他逐出唐门，但师兄弟们都不再理他。他后来找过我好几次，也没能恢复往日的情谊，因为我对他反感了。

不能为富不仁，也不能为武不仁，只有功夫没有德行，人会丧心病狂，练武的该是仁者。袁斌还等于我半个师傅呢，他当年给祁家大院看庙，问我想不想学拳。宁河小南庄子的人练小神拳，是少林拳的一种，我上宁河小学高小时学校请小南庄子的人来教过，就此种下我习武的兴趣。

我把母亲家祠堂里的人打发走，让袁斌在那里教我。王家祠堂清静、地方大，袁斌的师兄弟也来练功，最多能有十几个，其中有唐师的得意之徒张鹏瑞、王振国、阎锡坤、王殿。

王殿是个六十一岁的人，会打火炕。唐师这么多徒弟都在我那儿练武，唐师自然会总来，后来王殿在祠堂里打了个火炕，唐师就住下来了。一年后，唐师的徒弟们对我说："你给唐师傅磕个头吧！"

我就向唐师求拜师，唐师说："你为人痛快，我喜欢。"收下了我。

形意门规矩大，拜师要有引荐师，我的引荐师叫杨树田，他是开茶馆的。供桌上供有刘奇兰、李存义的名号，还从街上买来达摩画像，都一一磕了头。当时还算了拜师的时辰，用的是"达摩老祖一张金"的算法。因为两处要用到达摩，所以有人也管形意拳的秘诀叫"达摩老祖一张金"。

练武的人不迷信，说话讲信用，说出来就算话，还不能有脾气，武艺要教给不使性子的人。练武人都不生气，尚云祥便一点脾气没有，只是有时练武入了迷，他用脑子练拳，吃饭走路都是这个，别人从背后走来，他一反身就是打人的气势，但他一下就能醒过来，从没伤过人。

拜尚师的引荐师是唐师，行礼后请尚师到前门外的翠花楼吃饭，加上尚门的师兄们有十来人，赵师母没去，此宴去我一百余元。后来，中国人用上了日本人在中国造的钱，纸币上有孔子有天坛，民谚讲："孔子拜天坛，五百变一元。"说这种钱贬值快。

尚师功力纯，薛颠变化多，唐师腿快。唐师学了李存义的全套，包括道法、医药，有人问唐师："形意拳的内功是什么？"唐师回答得特别好，他说："形意拳就是内功。"

就是这个,不再别有什么内功。所以,习者不要对"三抱、三顶"等古谱说词轻易放过,不要以为只是用来校正拳架的。唐师与薛颠渊源深,唐传形意中串有薛颠的东西。

国术馆在天津河北区,当时天津分河北、河东、西头、下边(租界以南)。国术馆是三间正房,两间耳房,院子很大。李存义做馆长的时代,李振东做李存义的搭档。

关于李振东,闲话多,有人说他是沾李存义的光,有人说是他护着李存义。练拳的人面子薄,一输就一辈子抬不起头,同时又话多,知道有这种习气,什么话一听就过,最好。

练武的人不讲钱,国术馆背后有财团支持,来学拳交不交学费都可以。在薛颠时代,国术馆吸纳了许多文化人,薛颠把《象形术》一书写出来后,请他徒弟、朋友中的文化人斟酌词句,此书用语极其准确,既有境界又实在,千锤百炼,的确是国术馆的经典。

薛颠写书准确,武功也是求准确。他气质老成,有股令人不得不服的劲儿,干什么都显得很有耐心。形意拳是"久养丹田为根本，五行四梢气攻人"，首重神气，所以眼神不对就什么都不对了。他教徒弟管眼神，身子步法要跟着眼神走。

他说，比武是一刹那就出事，一刹那手脚搁的都是地方，就赢了。所以他校正学员拳架极其严格，不能有分毫之差，说："平时找不着毛病，动手找不着空隙。"

他是河北省束鹿人，有着浓重的口音，他爱说："搁对地方。"他一张口，我就想笑。

李存义说："形意拳，只杀敌，不表演。"形意拳难看，因为拳架既不是用于表演也不是用于实战，它是用来出功夫的。

拳架出功夫可以举一例，练形意拳总是挤着两个膝盖，磨着两个胫骨轴，一蹲一蹲地前进，用此打人就太糟了，两腿总并在一块，只有挨打的份儿。其实"挤膝磨胫"的目的，是练大腿根，大腿根有爆力，比武时方能快人一筹，这是功夫。

形意拳专有打法，那是另一种分寸。薛颠的打法，在"占先手"方面有独到之处。示范时，做徒弟的防不住他，他的手到徒弟身上，就变打为摔了，把人摔出去，又一下捞起来，在他手里不会受伤。做徒弟的被他吓几次，反应能力都有所提高。

飞法便是练这份敏捷。飞不是鸟拍翅膀的飞，是另一个字（想不起来，暂以飞字为准）。飞法中含着猴形的精要，薛颠的猴形中有一式名"猴捅马蜂窝"，猴子捅马蜂窝，一捅就跑，它怕被蜇着。所以猴形的发力就是一发即缩，飞法就是练习瞬间收力，收得快，发出去就更快了。以飞法可以窥见薛颠比武速度的一丝奥秘。

就像形意拳劈拳叫"劈抓"，不但要劈出去，还要抓回来，能抓回来的拳才叫劈拳，因为有个回旋劲，一去不回头的拳打不了人。

象形术飞法是八字诀，大拇指和食指张开，后三指握着，像比画数字"八"。八字诀上挑，猴捅马蜂窝般挑敌眼。但握八字不这么简单，拳头也能封眼嘛。主要是挑着八字练功，能把手臂的筋挑通了，比武时方能有灵动，有奇速。

云法握剑诀也是此理，与形意的"挤膝磨胫"一样，

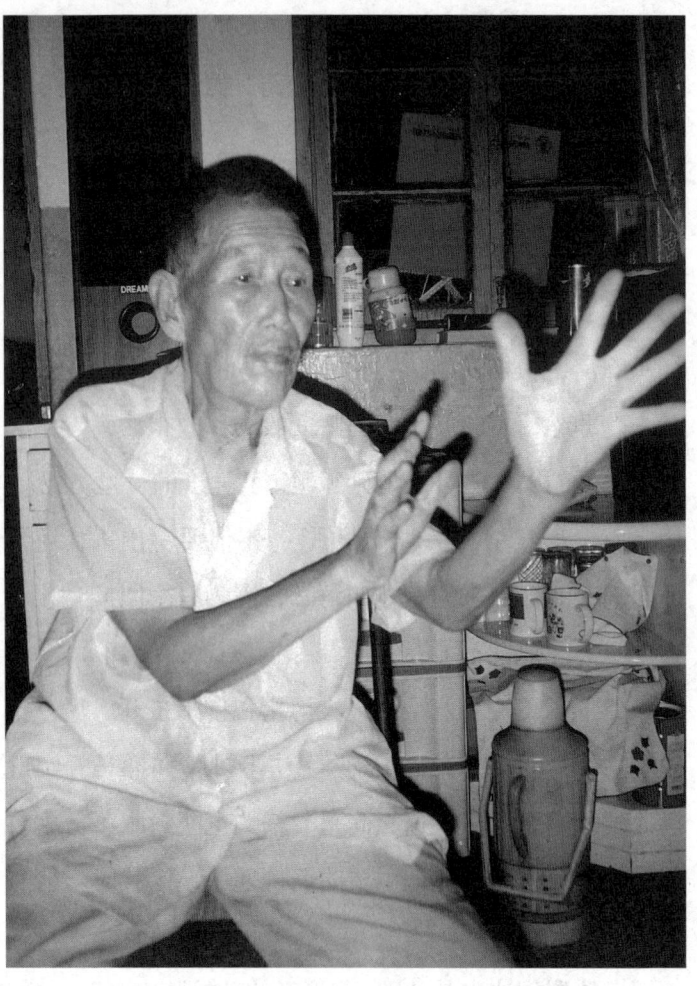

飞法

练的时候多练点,比武时方能高人一筹。

飞法练收劲,一挑即撤,顺这股撤势便是摇。所以飞法与摇法是一体的,摇不是左右平摇,而是划桨式,就像用一支桨划舢板一样,左划一桨,扭身再右划一桨,力向后下方,要深入。

摇法沉厚,贴身摔人,与飞法相续,由极轻灵变极黏重,习者玩味日久,遍体皆活。读者修习象形术,要以书为本,那是大体,我只是举了点例证,勿止于我言,断了追究。

我第一次见薛颠,一见他的状态,就知道是个跟尚师一样的人,一天到晚身上走着拳意。他轻易不说话,一说就是大实话。

比如他送我一对护手钢钩做见面礼,见我很喜欢,就说:"使双钩的窦尔敦也就是在戏台上厉害,能赢人的是剑棍刀枪,这东西没用。"我觉得特逗,哪有这么送人东西的?

但只有这种人才能练到武功的极处。

困时动懒腰

薛颠是我见面就磕头硬拜出来的老师,他当上国术馆馆长后走了文士的路线,待人接物彬彬有礼,我拜师时他好像是五十三岁。

拜师时由于我离家太久,钱都花完了,连拜师礼都没有。他的《象形术》一书,确是可开宗立派的拳学,同时也是在一个新的名目下,将形意拳的要诀公开了。此书用词简约而雅致,可谓字字斟酌,是传世之作的写法。

形意拳有劈、崩、钻、炮、横五行，薛颠有飞、云、摇、晃、旋五法。此次讲一个云法，仅作为青年一代自修此书的提示。象形术源于形意拳，先说形意拳的大法则。

《庄子》中有个"庖丁解牛"[壹]的故事，牛肉糙厚，一把刀子杀不了几头牛就崩坏了，但有一个屠夫一把刀用了多年仍然锋利如新，这就是形意拳的大法则——以柔用刚。

有人喜欢形意拳表面的刚猛，结果练成了"伤人伤己"，铁骨头硬茧子，但仍免不了像一般屠夫，剖了牛，刀子也坏了，早晚伤了自己。真正的形意拳是"伤人不伤己"的，要兜着劲打人、扑着身子打人。

之所以用坏刀子，因为手腕僵，刀子入肉后一较死劲，就崩了，只有腕子活了才伤不了刀子。同样的道理，形意拳一出手，身上是活的。不是一个劲，多股劲团在一起，如此方能游刃有余。

以前天津有位武师，天生一股狠劲，平时将一百张高丽纸叠在一起，两臂翻着打，能打得最底下的一张碎，而上面的无损。这个方法连招式带劲力都有了，与人比武，两臂一翻，别人就招架不住。

唐师知道他是好汉，想点拨他，说："你这是打一百张纸出的功夫，要超过了一百张纸，怎么办？"他说："接着翻。"

唐师说："我搭着你，看你能不能翻过来。"他连翻多次，胳膊翻不上来，这是唐师在庖丁解牛。形意拳的劲含着，能控制人，发作起来，犹如庖丁一下把刀子捅到牛体深处，能把人打透了。只有伤人不伤己的劲道，方能无坚不摧，伤人伤己的硬功终归有限。

平时总爆发着练拳，拳头抡得越猛，劲越单薄，竹篮打水一场空，练不出功夫。比如尚云祥绰号"铁脚佛"，可以脚裂青砖，但他教我们时不让足下用力，要提着脚心，因为在人体力学上，脚跟和后脑是杠杆的两端，打拳时狠劲蹬地，会震伤后脑。练形意拳练得头晕目眩，记忆力减退，就是脚下太用力了。

尚云祥足下的沉重力道是轻着练出来的，好比走钢丝，脚一用力就摔下去了，但想轻，得更用力才能轻得起来。不是在一个劲上加分量，而是多加上几股劲。走钢丝为控制平衡，得调动全身劲道，敏捷变化，既不能踩实了钢丝，也不能踩虚了，掌握住这个火候，方能练出功夫。

练拳要如盲人走路，盲人跟常人不同，蹭着地走路，外表好像很沉重，但脚下是活的，并不只维持着前后平衡，四面八方都照顾着，绊到什么东西，一晃就站稳了，这是以柔用刚，多股劲的作用。这个柔不是软化，是变化。

我听闻程廷华走的八卦桩不是木头的，是藤条编的。我想不明白其中的道理，后来一次走在河滩上，泥巴有韧劲，走着走着，忽然觉得腿上出了功夫。如果传闻属实，那么程廷华踩"软桩子"是在练多股劲。

八国联军进北京时祸害中国人，程廷华拎着大砍刀在房上走，见到落单的洋鬼子就蹦下来一刀劈死，转身又上了房。他杀的人一多，给盯上了，最终被排子枪（洋兵队一起开枪）打死。他是武林的英雄，八卦门的成就者。

形意拳歌诀有"消息全凭后脚蹬"，形意拳先要提肛，肛门一提，腰上就来劲，腿上跟着来劲，后脚蹬的是腰上的消息，不是用脚跟蹬地。薛颠还说提肛是练身法的关键，不是努着劲提，那样太憋屈，而是肛门有了松紧，臀部肌肉就活了，两腿方能速巧灵妙。

世评薛颠的武功达神变之境，我问过唐师："薛颠的东西怎么样？"唐师说："快，巧妙。"

形意拳的功夫出在腿上，腿快的人打腿慢的人，犹如拳击里重量级打轻量级，能有这么大区别，而且腿上出了功夫，拳头的冲撞力就大。所以，说一个练形意拳的人腿快，就是在说他技击厉害。唐师当年和孙禄堂齐名，以腿快著称，他能认可薛颠快，我就信服了薛颠。

至于薛颠的巧妙，体现在他的飞、云、摇、晃、旋中，提取了形意拳的精粹，练的不是拳招，是大势。有一个可解释"大势"的事例——我跟随尚云祥的近两年时间里，没有人找尚师比武，因为按照武林规矩，低辈分是不能向高辈分挑战的，而且都知道尚师功力深，没人动"在尚云祥身上争名"的心思。

但有个军队团长来挑战，我们不能按武林规矩将他赶走，其实一看就知道他功夫不行。由于他纠缠的时间太长，尚师就说："比武可以，得先立下武士字（生死文书）。你把我打死了，我徒弟将我一埋就完了，我要把你打死了，你们部队不干呀。"

他有点害怕，但既不立字据也不走，还待着磨。尚师说："不立武士字也行。这样，你打我一拳，把我打坏了你就成名了。"

团长一拳打来，尚师身子一迎，团长就后背贴了墙。尚师还跟他开玩笑，说："我能回敬你一拳吗？"团长连忙说："我打您，我都成这样了，您要打我，我不就完了吗？"说了服软的话，这团长就走了，以后再没来过。

尚师的这一迎，就是大势。所谓"大势所趋"，练的是身法的动态趋势。抡着胳膊打人，不是形意拳。形意拳是扑着身子打人，犹如虎豹，蹿出去一丈是这个势头，略微一动也是这个势头。

云法的大势，就是身子往前一扑，又把自己拧拉回来，身子刚缩又把自己推出去，一推就转了个身。几次换劲均无断续，要变化在一起。

如果没有这种变化，就很容易将形意拳步法练成交谊舞舞步了。薛颠在《象形术》"桩法慢练入道"的章节写道，站桩时要"慢慢以神意运动，舒展肢体"，站桩也是为了练这种变化。

薛颠的云法要"荡荡流行，绵绵不息"，正如太极拳云手不是手从左摆到右，而是由左"变化"到右。练摆动什么也练不出来，练变化才能出功夫。没有这种天然之动就没有变化，硬性地训练自己，就成了做体操。

有着天然之动，就有了神气，所以薛颠说云法在内功上有"丹田气实之妙"，发劲上有"弹簧、鼓荡、吞吐、惊抖之机"，身法上有"蜿蜒旋转，行踪不定之灵"，极尽变化之能，是长功夫的捷径，深切体会，可知薛颠的巧妙。

另外，书上没写，但薛颠教我时，说云法可点穴，多教出一个手指翻挺的动作。不管能否点穴，武术一定要练到指尖，手指一弯就是拳，死握着拳是很难练出劲道的。对于云法，薛颠在书上最后嘱咐读者："学者，最宜深究其妙道。"

再解释一下薛颠在书上讲的"三顶":头顶有冲天之雄,舌顶有吼狮吞象之能,指顶有推山之功。

头发根耸起,血气沸腾,好像大鹏鸟随时可冲天而起,令人勃发英雄气概,正是"虽微毫发,力能撼山"。

舌头掀起,浑身肌肉振奋,有"丹田壮力,肌肉似铁"之效。而且舌一顶住上牙床,牙就咬紧了,牙紧手就快,比拼果断。这顶舌切齿,还要有个"舌根一颤,能发出狮子般巨吼"的意念,但不真吼,含在嘴里,如滚滚的雷音。身子扑出去的时候要有个狂劲,好像狮子张口,哪怕是大象也把它吞了,不是真张嘴,但嘴里要咬着劲。有了这股狂劲,能摄敌之魂魄,正是"牙之功用,令人胆尿"。

手指甲里的肉顶着指甲,遍体筋都牵颤。不但手指要顶,脚趾也要顶,缺一不可。人往往一顶就僵,找一点手脚尖冰凉的感觉,就自然地顶上了。人生气的时候,会气得手指发抖,就是牵颤了筋,即便没练过武,这时候打一拳,练武的人也很难承受,正是"爪之所至,立

生奇功"。[贰]

三顶不单是激发劲道的比武要诀,也是保养身体的锻炼法,我是奔九十的人了,但没谢顶没戴假牙,算是头发、牙齿保住了,这就是三顶的功效。

云法的要点,是它的特殊之动。练时不要求快求敏捷,那样就成了体操、田径的动。这种动犹如早晨不想起床赖在被窝里鼓悠的动,犹如深夜里倦意一起伸懒腰的动,是一种天然之动。[叁]

注　释

[壹]

庖丁为文惠君解牛，手之所触，肩之所倚，足之所履，膝之所踦，砉然响然，奏刀騞然，莫不中音，合于《桑林》之舞，乃中《经首》之会。

文惠君曰："嘻，善哉！技盖至此乎？"

庖丁释刀对曰："臣之所好者道也，进乎技矣。始臣之解牛之时，所见无非牛者；三年之后，未尝见全牛也；方今之时，臣以神遇而不以目视，官知止而神欲行。依乎天理，批大郤，导大窾，因其固然。技经肯綮之未尝微碍，而况大軱乎！良庖岁更刀，割也；族庖月更刀，折也；今臣之刀十九年矣，所解数千牛矣，而刀刃若新发于硎。彼节者有间，而刀刃者无厚。以无厚入有间，恢恢乎其于游刃必有余地矣。是以十九年而刀刃若新发于硎。虽然，每至于族，吾见其难为，怵然为戒，视为止，行为迟。动刀甚微，謋然已解，牛不知其死也，如土委地。提刀而立，为之四顾，为之踌躇满志，善刀而藏之。"文惠君曰："善哉！吾闻庖丁之言，得养生焉。"

[贰]

参考形意门四梢说：

人之血肉筋骨之末端曰梢，盖发为血梢，舌为肉梢，爪为筋梢，牙为骨梢，四梢用力，则可变其常态，能使人生畏惧焉。

（一）血梢，怒气填胸，竖发冲冠，血轮转动，敌胆自寒，毛发虽微，摧敌不难。

（二）肉梢，舌卷气降，虽山亦撼，肉坚比铁，精神勇敢，一舌之威，使敌丧胆。

（三）筋梢，虎威鹰猛，以爪为锋，手攫足踏，气势兼雄，爪之所到，皆可奏功。

（四）骨梢，有勇有骨，切齿则发，敌肉可食，眦裂目突，惟齿之功，令人恍惚。

[叁]

起落钻翻中的妙动：

拳打三节不见形，如见形影不为能。虚中含实，实中含虚。奇无不正，正无不奇，奇正之变，妙用无穷。拳无拳，意无意，无意之中是真意，即三回九转是一式也。

欲济苍生忧太晚

晃法不是摇晃的晃（huàng），而是虚晃一枪的晃（huǎng）。薛颠的象形术公开时，并没有引起非议，因为形意门承认它。作为形意拳的旁支，与形意拳的渊源，在拳架上表现得最明显的就是晃法。

形意拳看似单纯，其实精细，有许多小动作，比如炮拳的落式两臂一磕，不是砸胳膊，而是一手的拳尖磕在另一手小臂的大筋上，劈拳的起式也要用指尖搓着这根大筋。

对此，董秀升为李存义整理的《岳氏形意拳五行精义》上画得很清楚，虽然有的地方画清楚了却没写，写清楚了却没画，但读者只要懂得以文索图、以图索文，就知道这本书将功架交了底。

形意拳是属蛇的，蛇就一块肉，爬树游水，什么都干了，形意拳一个五行功架，什么都练到了。桩法、内功从里出；打法、演法从里出。唐维禄、傅昌荣、孙禄堂练形意拳甚至练出轻功来了。

五行拳是拳母，一辈子离不开，上手就受益。将五行拳的小动作都学到，方能出形意的功夫。十二形就是从五行拳里变出来的，而练象形术的人能变回五行拳，一练起来，就知道两者是一个脉。

以上说的是练武练通了以后的情况，但在练武的过程中，象形术作为一个可以标新立异的拳学，有其特殊的教法。老辈人觉得薛颠法眼高，认为象形术将形意拳升华了一些，我揣摩不是指象形术比形意拳出的功夫大，而是指这个教法能提拔人。

尚云祥的教法是经验感染，点滴之间就给出整个东西，唐维禄把同门师兄弟的好东西都摘进了自家门，要什么有什么，做徒弟的玩成什么样，他都能把你推上道。

薛颠的教法是立了一个新的功架，但我个人的体会是，练象形术的功架反而对形意拳体会更深，这立新架的教法很卓越，让人自己摸出来。

比如我年轻时在象形术上得了领悟，以后练武却只是集中在形意的崩拳、蛇形上，与人交手也就是崩拳和蛇形便够了。但我的崩拳一动，里面就有象形术的飞、云、摇、晃、旋含着，如果非要我用象形术打人，飞法一挑，形意拳的劈、崩、钻、炮、横都动了。

只用崩拳和蛇形，是我多年练武、比武自然形成的。我的崩拳、蛇形都只是看似崩拳、蛇形的东西，究竟是什么东西我也不知道，顺手就行了。

学武得整个地学，练功夫的时候，一个动作，什么都练在里头，比武的时候也要整个地比，什么都带着，管它用的是崩拳还是劈拳，一出手就是整个形意拳——这是练武人最终必须达到的。而在习武之初，只用崩拳、蛇形，就是另一个说法了。

练形意的人是属蛇的，因为形意拳打法的初步，先要做到"无处不蛇形"。首先形意拳是"地行术"，蛇是肚皮不离地，一鼓肚皮就蜿蜒上了，形意拳是脚不离地，脚下一鼓就换了身形。

形意拳是一动就有步数，身形得换在点上，看着你的动静，变得越快越好，越小越好，犹如好朋友见面一下就搭上了肩膀，得一下就近了敌身。

身形得灵活，身子灵活脑子就有灵性，古谱有言"宁在一丝进，不在一丝停"，犹如蛇在地上盘来绕去，比武时不能想，步数不能断，没招也忙活，忙活来忙活去地就打了人了。

所谓"合身辗转不停势，舒展之下敌命亡"，比武不会换身形不行，蛇形就是练这个，打这个。

形意拳的身法不弯腰、不伸腿，从不岔胯，从这个身形换成另一个身形，就是舒展。身形舒展了，劲也就舒展了，碰上就伤，所以形意拳练时怪模怪样的，打时还怪模怪样就不对了，舒展是比武要诀。练得越难看，打得越漂亮，这才是形意拳。

形意的拳母是五行拳，而五行的拳母是横拳，横拳属土，万物归于土，土含育万物，生发着劈、崩、钻、炮，所以横拳是无形的，横拳劲是形意拳最独特的东西。薛颠在《象形术》上说，练拳既不是练重也不是练轻，而是练一个能轻能重的东西。比如象形术飞法轻灵，一挑即撤，摇法沉厚，贴身摔人，但飞法一挑，碰上就是重创，从摇法里可以打出很快的拳头。勉强说来，横拳就是这个"能"。

横拳是无形的，而有形的横拳就是蛇形，一横身子，就有了兜、裹、丢、顶。我年轻时与人试手（试手是试试，较量是拼命），一下把人打出去了，自己却奇怪上了："这是个什么动作？"回味一下觉得像是蛇形，连带着横拳也明白了。

以练八卦出名的申万林[壹]有个侄子叫申剑侠，随唐师习武，一年初二给唐师拜年，唐师说："我也给人拜年，跟着我走吧。"

唐师有个朋友是开镖局的，一去拜年，知道一伙跤场的人几天前到镖局打架，把镖局弄得要停业。唐师就管镖局要了三块大洋，带着申剑侠去了跤场，说："一个跤三块钱，赌不赌？"

形意拳的功夫在脚下，摔跤也是脚下功夫，绕着圈子跳跨，当时赌跤的规矩是"穿上褡裢，摔死无论"。唐师和申剑侠都是两条大长腿，唐师手小，而申剑侠是大手大脚，他不会摔跤，下了跤场就跟人耍蛇形，走几步就把人甩出去了。

跤场管事的人拦住他，说："赌三十块，再来一跤。"其实整个跤场也没三十块大洋，是管事的人急了，请出个能手，申剑侠一撞他，感到跟城墙似的，但换了几次身形，还是用蛇形胜了。

唐师也没要钱，把来意一说，跤场就表示不再找镖局的麻烦了。

对于蛇形，薛颠说："一动手，就是这事，没旁的事。"象形术的摇法对练蛇形有启发，蛇形也对摇法有启发。其实任何一个法都打不了人，打人的是以法练出来的功夫，有了功夫人就活了，天地开阔，无所不是。

至于我所擅长的崩拳，也可以说是蛇形。郭云深有"半套崩拳打遍天下"的美誉，他归附在一品官金禄门下[贰]，在沧州打死了人，县官在监狱旁给他盖了院子，关了两年，算是偿还了人命。

由于金禄总在光绪父亲奕谩[叁]面前说郭功夫高，出狱后，奕谩就让郭云深教他，郭云深来时给王爷磕了头，就说："我这拳是拜师磕着头学来的，我不能磕着头教出去。"

王爷就免了郭云深以后再磕头。崩拳古传有九法，郭云深教形意的行劲，必然教到崩拳的转环崩，教到这就不愿意教了，说："您不用学那么多，我包你半套崩拳打遍天下。"

崩拳比武最方便，伸手就是，崩拳如箭，发中同时，这份利索是高东西，没法练，修为到了才能有。我习崩拳的感悟在转环崩上，转环崩是枪法，枪法中有转环枪，就是一枪刺过去，被对方兵器架住，不用换动作，枪杆子一转就势扎过去。将这无形的大枪杆子旋起来，就是转环崩。转环崩厉害了，等于耍大枪。这个转环崩似乎是蛇形。

把直来直去的拳打转了,把转着的拳打直了,这是崩拳的练法。尚云祥的崩拳如箭,我只能做到耍大枪,尚师说:"练得多,还得知道得广,最要紧得有个独门的。"

练拳得找机缘,找出个怎么练怎么上瘾的拳架,一个猛子扎进去,练的时候一通百通,比武的时候也就一通百通了,手伸在哪儿都降人。别人一站到你面前就觉得委屈,这才是形意拳。

"崩拳有九,钻拳有六",钻拳的六个变招中,学会了两个就全有了。一个是前手压住对方,扯带得后手碾锥子似的碾进去。另一个是,前手一晃,你就撞在他后手上了,变魔术一般,不是障眼法,而是他换了身形。

两者的前后虚实不同。整体说来,钻拳不是钻拳头,是钻身子。旧时代北京很冷,冬天商店挂着沉甸甸的棉帘子,人进商店,前手一撩门帘,身子就往里钻,身子一动,手上搭的分量就卸了,人进了门,帘子也刚好落下,有道缝就进了人。这是生活里转换虚实的现象,形意拳的"换影"也是这个。

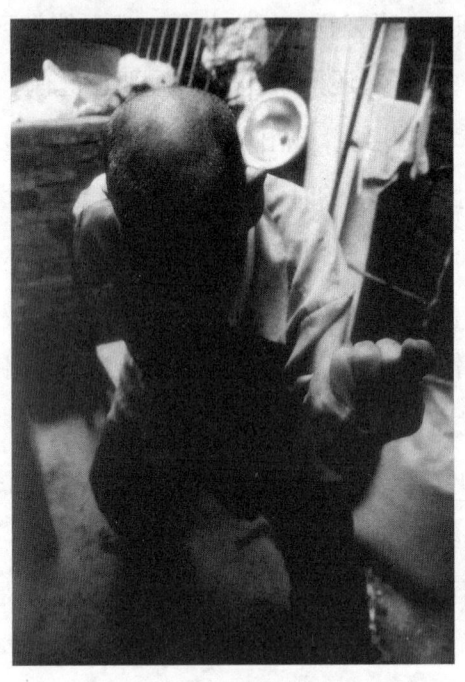

钻拳

象形术的晃法类似钻拳的这一变。一晃即逝，让人摸不着你的实在，说不实在，虚里面随时出实在。捕住实在一较劲，实在又跑了，能跑在你前头也就打了你。所以象形术的晃法不是摇晃，而是虚晃一枪。

师傅教徒弟，会和书面教授不同，我所学的晃法和书上的拳架略有不同，披露出来，希望能对现在照书自学的人提供个参考。

薛颠传我的晃法是一个类似于钻拳的动作，接一个类似于虎扑的动作，再接一个类似于虎托的动作，周而复始。练的就是移形换影，跑实在。[肆]

三个动作，变化无穷，虚实不定。开始练时可以将实在"跑"在虎扑上，钻拳一晃，两手就扑上敌胸膛，要实在得能穿膛破胸。虎托可以更实在，也可以将实在跑了，两手一搅和，变扑为托，实在就不知道给兜到哪儿去了。就着这个糊涂劲，又晃上了钻拳。

注意，形意拳因为小动作多，所以练时越是一招一式越长功夫，而象形术不是一招一式的，晃法的三个动作是一个动态，钻拳、虎扑、虎托都含在这一个动态里。

可以说它就是一个虎扑，只不过虎扑的起手势游移了点；可以说它就是一个钻拳，只不过钻拳的落势有点拖泥带水；可以说它是虎托，只不过托得有点不着边际。说它什么都不对，勉强称为晃法。

以上讲的是拳法，拳的根本是"舌顶上腭，提肛，气降丹田"，没有这个，练拳等于瞎跑趟，较上丹田有立竿见影之效，动手能增两百斤力气，不较丹田，比武要寻思怎么动劲，而较上丹田，不知不觉就动上了劲。

练拳有练岔了的，一练拳就害怕，这是不较丹田的缘故，练得自己中气不足，凭空消耗。较丹田还能治病，我五十几岁得重病，两个月低烧，浑身疼，就较丹田来止痛，跟抽鸦片一样上瘾，哪里痛就自然地调节上哪里。

但手电筒不能总开着，丹田也不能总较着，该关就关。练拳是灵活的事，得会自己照顾自己。尚师不站桩、不推手，身子一动，劈、崩、钻、炮、横就有了。我向薛颠习武后，将薛颠教的都向尚师作了汇报。尚师听了我学的桩法，就说："站完桩练练熊形合叶掌，有好处。"

合叶就是门开合的铁片子，这个熊形的动作就是两手在脑门前来回荡悠，忽然向左右撑出去再缩回来，继续荡悠。站桩孕育有开合力，这个熊形能把站桩修得的功夫启发出来。

尚师有言"全会则精"，全都会了，自然就精明，精明了，随便练点什么就全都练上了。不能融会贯通，就练不了形意拳，对于修习形意的人，象形术是个启发。

象形术的拳架没形意拳精细，它就给出个大的动态趋势，该练什么自己玩去。这个基本的动态，《象形术》一书中画得很明白，至于它所引发的变化，就没法一一画了，否则读者无所适从，反而不利于自学，所以它的拳架一定是简单得不能再简单。

薛颠写书就是希望不会武的读者也能够自学，强国强种。可惜，我觉得练形意拳的人有可能自学成功，而没练过形意拳的人便不好说了。

不管这个理想能否实现，先明白薛颠写书是这么个心意。

注 释

[壹]

申万林是河北省人,曾经在少林寺学艺,学得通背拳、劈挂拳、戳脚、翻子拳、少林拳、鹰爪拳、太极拳、形意拳等,有"全拳王"之誉,后在朝廷做武术教习。1900年,八国联军打进北京,清政府为满足其要求,组建了镇压天津老龙头火车站"单刀李"李存义及其弟子的"华捕队",把申万林编入其中。申万林知悉此事后,为了形意同门情谊,辞官而去,经宁河县商人高长波介绍,来宁河县芦台镇教习形意拳术,弟子众多。

[贰]

以一品官爵而论,金禄也许是荣禄之误,或是荣禄另名?此事待考。

荣禄（1836—1903），字仲华，号略园，瓜尔佳氏，满洲正白旗人，官至总管内务府大臣。

〔叁〕

醇亲王爱新觉罗·奕谖（1840—1891），字朴庵。清道光帝第七子，故一般称为七王爷。

〔肆〕

手法、足法：手法者，单手、双手、起手、拎手是也。起前手，如鹞子入林，须束翅束身而起；推后手，如燕子抄水，往上翻，藏身而落，此单手法也。如双手，则两手交互，并起并落，起如举鼎，落如分砖也。

至于筋梢发，有起有落者，谓之起手；筋梢不发，起而未落者，谓之拎手。总之直而非直，曲而非曲，肘护心肋，手撩阴起，而其起如虎之扑人，其落如鹰之抓物也。

足法者，起钻落翻，忌踢宜踩。盖足起，膝起往怀，膝打膝分而出，其形上翻，如手起撩阴是也。至于落，即如以石钻物也，亦如手之落箱同也。忌踢者，一踢浑身都是空也，宜踩者，即如手之落鹰抓物也。

手法足法，本自相同，而足之为用，尤必知其如虎之宁无声，拢龙之行莫测也。

薛师楼下花满园
今日竟无一枝在

飞、云、摇、晃、旋这五个字便可令人受益，因为将比武的要点拣出来了，知道如何比武，练武也就有了方向。现在读者看《象形术》一书，往往在飞、云、摇、晃上能找到技击用法，而看旋法就没了头绪，其实旋法是比武的第一关键。

近来收到读者来信，有三个问题都是问站桩，拳法与桩法是一个东西，此次讲旋法，便一并讲了。这三个问题是：

一、李存义不站桩却成就了功夫，桩法如何融入拳法中？

二、您屡次说用脑子练拳，光想想就行吗？请您说明想与动的关系。

三、我近来站桩总感沉重，好像压了一座大山，请问这是何现象？

老派的形意拳不说站桩，只说是"校二十四法"，二十四法是三顶、三扣、三抱、三圆、三摆、三垂、三曲、三挺，不知二十四法就不知人体之妙，如"虎口圆则力达肘前，两肱圆则气到丹田"，有过多少实践方能得出这结论。

形意拳任何一招都可以站桩，但要求一站就要二十四法齐备，否则比武必败，没二十四法甚至不敢练拳，因为五行拳功架联系着五脏，一法不到身体就受了伤害。

练武最容易伤的一是脑子，二是眼睛，觉得脑子糊涂，眼睛有压力，要赶快以二十四法来校正自己。《象形术》也是以二十四法为篇首，它是形意拳的根本，犹如和尚的戒律，自学者找不到老师，就要以二十四法为师，时刻保持警醒之心。

刚开始学拳不敢动，就是在校二十四法。而站着不动地校正，是唬不了自己唬得了别人，站了一段时间后，别人瞧着是模是样，可自己知道差得远。练拳是唬不了别人唬得了自己，一旦活动起来，就什么都顾不上了，一动就没，自己还觉得挺带劲，而别人眼里看去，毛病全显出来了。

所以练拳要有老师看着，否则对自己越来越满意，麻烦就大了。练拳的第一个进境，就是有了自觉，能知道自己的毛病。站得了二十四法，一动起来就没，这是无法比武的，所以桩法必须融入拳法。

练拳无进步，就要重新站着不动地校正功架，去揣摩这二十四法，动也是它，静也是它。否则静不下去也动不起来。

形意拳的成就者在习武之初都是要经过严格校正二十四法的阶段，没有这个，不成功架。我一见薛颠打拳，就感慨上了:"这才是科班出身练形意拳的。"

他的功架太标准了,可想他在练武的初始阶段下了多大工夫。我随尚云祥习武时,尚师也是给我校二十四法,让尚门的师兄单广钦看着我,单师兄甚至比尚师对我还严格,他对我说:"我跟你起呕(较真),是看得上你。"他在尚门中威信高,他能善待我,我也就在尚门中待住了。

静立地校二十四法,谁都得经过这一阶段,但不见得功夫出在这上头,有人是不动就不出功夫。浑圆桩是薛颠推广的,和校二十四法稍有区别,校二十四法是有所求,浑圆桩的意念是无所求,就这一点区别,这区别也是强说的。

无为的要站出灵感才行,有为的得站空了自己才行,校二十四法与浑圆桩说到底是一个东西。津东大侠丁志涛是我的妻兄,他的浑圆桩不是我从薛颠处学了再串给他的,而是他自己有奇遇。他与妻子不合,赌气离家,不再杀猪,跑到铁路上当警察。

那时他父亲对我说:"大喜子(丁志涛小名)不回家了,咱俩把他找回来吧。"我俩到了居庸关火车站找到了丁志涛，他那时就学了站桩，他说他在北京南城铁道旁的新开路胡同住过一段时间，当时总去陶然亭练武，一个练形意拳的老头教了他浑圆桩。

丁志涛学的桩法与薛颠的一致，这老头的名字我记不得了，他住在天桥，不是卖艺的，他带着丁志涛在南城墙根底下练了十几天。旧时代讲究找门道，练武人背后无官府财团的势力，难以维持，所以就有了许多落魄的高人，一生名不见经传。这个天桥老头就如此。

唐师总是把自己的徒弟送去别门再学，没送过丁志涛，但那老头一见丁志涛练武，就追着教了。可惜丁志涛没有传人，如果在我不了解的情况下，他收了徒弟，我愿意相认。

丁志涛后来在铁道上成了一个小领导，一年他带枪来看我，把我老母亲吓了一跳。他是很慷慨的人，美男子，在宁河家乡口碑很好，只是太喜欢手枪，一时招摇了。

练武要像干一件隐秘的事，偷偷摸摸地聚精会神，不如此不出功夫。尚师早年在一座大庙的墙根练武，有人围观，他就不练了。一次庙里的和尚带头，连哄带逼地要他表演，尚师一趟拳走下来，把庙里的地砖踩裂了一片，说："我脚笨。"和尚也没让尚师赔砖。

尚师的邻居都知道他是武术家，所以尚师晚年就在院里练武，不避人了。尚师随便活动活动就是在练功夫，偶尔练练的只是五行拳。尚师打拳也是一招一式的，一点不稀奇，只是稳得很。

尚师用脑子练拳，正像学舞蹈的人，观看别人跳舞，坐在座位里身子就兴奋，弹钢琴的人一听音乐手指头就不安分。练武也如此，想和动不用联系，自然就应和上了。比武是一眨眼生死好几回，一闪念就要变出招来，只有以脑子练武，才比得了武。

站桩也要练脑子，至于说站桩站得像有大山压着，也许是长功夫的好现象，但更可能是站塌了腰，没有做到三顶中的头顶（发顶），头部、肩部委顿着，就算有再美好的意念，也出不了功夫。

拳劲起自腰劲，只有头虚顶了，腰里才生力，站桩首先是为了生腰力，脊椎别扭什么都生不了。由此可见二十四法是动静不能离的根本。

站桩生了腰力后，脊椎敏感时，要让桩法动起来，可以尝试一下薛颠的蛇形。蛇行是肩打，"后手只在胯下藏"，后手绕在后臀胯下，贴着尾椎骨向上一提。犹如马尾巴参起来，才能跑狂了，撑上这个劲，尾椎参了，肩膀才能打人。这是桩法融入拳法。

至于薛颠的马形，叫"马形炮"，手势与炮拳相似，犹如马立着前腿蹬人，也是在脚上有劲撑着。马形藏着腿击、绊子，跟着手变。形意拳是主要攻中路的拳，崩拳要坐腰，一坐腰，人就低蹿出去，正好打在敌人的胸膛、小腹。站桩时也要揣摩提腰坐腰，微微活动着。这是拳法融在桩法中。

程廷华在交道口南边的大佛寺有房，他和尚师在过年时试上手了，两人相互绕。程的老父亲很不高兴，说："你俩这是过年，还是拼命。"两人就住了手。

八卦掌走偏门，一下就抢到人侧面，与练八卦掌的人交手，就能体会到崩拳的转身动作——狸猫上树的巧妙，狸猫上树可对迎敌人攻侧面。

形意拳打法的要诀也是攻侧面，叫"走大边"，自古相传的"转七星"就是练这个。唐师说:"走大边,俩打一。攻正面,一对一。"攻敌侧面,等于两个人打一个人,正面迎敌就吃力了。唐师有腿快的名誉,不单善走,还能迅速抢到敌人侧面。

形意拳通过几百年实践,已经淘汰了许多东西,十八般兵器只剩下剑、棍、刀、枪。对于古谱中的打法,也淘汰了很多,比如"脚踏中门夺地位,就是神手也难防"。把脚插进敌人的两足之间,一个进步敌人就会跌出去,但这机会很难得,比武一上来就插腿,根本就无从下腿。所以此法就限制在头打时,两手擒住敌人两手的情况下,此时插腿,等于把敌人摔出去,头上使一点劲就行了,否则就比谁的头硬了,搞不好撞得自己头破血流。同样,臀打与脚打都是尽量少用,那是敌人败势已露,破绽百出时才捡的现成便宜。

形意拳还是主要以拳攻人躯干,把敌人打乱了,那时用什么都好使。李存义的《五行拳图谱》没有十二形,没有对练图,薛颠的《象形术》最早是用采光纸印的。

象形术,顾名思义,是从禽兽动态、山河之变的现象中得来的，但比武时又不能露了象，武术没有胜相，露了象就是败相，无形无象才是象形术。所谓象形取意，要紧的是得这个拳意，薛颠的旋法是走大边的训练，狸猫上树也含在里面。旋法除去书上的图画，还有一式，叫"猴扇风"。

猴扇风的两只手扬在两只耳朵旁，敏感着左右。这一式，就是在防备着敌手攻自己的体侧。对手攻来了，就势一转，反而转到了敌人的体侧。然后，猴挂印、猴撸枣就随便使了。

尚云祥的蹦跳一下能蹿出去一丈多远，离人两步的距离下发拳，自然崩拳如箭，发中同时。尚师在大边上直来直去，这是尚师的智取。尚师临敌有分辨之明，不管别人如何转，尚师一进身就踩在大边上，别人就说："这老爷子，脑子了不得。"

八国联军进北京时，日本使馆的也跑出来杀人，李存义就带着尚云祥找去了，在使馆外杀了日本人，然后尚云祥藏在北京，李存义逃去了天津。

"假练武的是非多，真练武的无是非"，真练武的人有点时间就陶醉上了，哪有时间说是非？尚师是无是非的人。尚师去世后，有一位郭云深后系的拳家，他的弟子在天津一度发展起来。对于这位拳家与尚云祥、薛颠比武的传闻，我作为尚、薛的弟子，不知道有此事。

薛颠说话土里土气的，但一双眼睛迥异常人，神采非凡，他武学的继承者叫薛广信，是薛颠从本族侄子辈里挑出来的，比我大三四岁。他大高个，剃光头，相貌与薛颠有七分相像，表情几乎就是一个人。他一天到晚跟着薛颠，但薛颠授徒都是亲自教，没让他代劳过。

唐师说："我是个老农民，我师哥尚云祥可是全国闻名。"他让我拜入尚门，一是让我深造，二是看上了尚云祥的名声，想让我借上尚云祥的名声，在武行里有个大的发展。

后来让我拜薛颠也有此意，这是唐师想成就我，可我一生不入武行，算是辜负了唐师的期许。唐、尚二师均有家传、弟子两系在发展，薛广信如在世也不用我来啰唆，此番能写文将薛颠的五法讲完，虽都是泛泛之谈，对我已是了足了心愿。

猴扇风

注 释

[壹]

下文可作"灵感"二字参考：

夫武技一道分内外两家。外家练艺由外及内，重姿势，讲劲力。内家练艺由内而外，重养气，讲存神，意动而神发。实为殊途而同归也！

内家练艺，前虚后实，重心偏后足，前足可虚可实，或三七或二八，随意而调之，用意而不用力，虚其心，实其腹，意念与丹田相合，进退灵通，毫无阻滞。进则如弩箭在发，直出螺旋而行。退则如飞鸟投林，飘然而返，勇往迅捷，绝无反顾迟疑之态。

习艺时心中寂空，旁若无人，无念无想，浑然与天地融为一体，虽姿势千变万化，然不勉而中，不思而得，所谓从容中道者是也。拳经云：形无形，意无意，无意之中是真意。心无心，身无身，身心之外无空门。如来佛祖曰："空而不空，不空而空，是谓真空"。岂非武学之不二法门？盖静者动之基，空者实之体。

心中空虚则灵而不昧，有大智慧，明悟顿生。人来击我，不必刻意防范，只随意漫应之，出手如钢锉，回手似勾竿；起无形，落无踪，去意好似卷地风，动、静、虚、实、阴、阳、刚、柔只存一念之间。飘忽不定自有制敌之功。

静为体，动为用，阴阳相摩万象生。拳发三节不见形，如见形影不为能；宁可一思进，不可一思忖，以至举手投足、行止坐卧皆可为用。所以无人而不自得，无往而不得其道，以致寂然不动，感而遂通，无可无不可，此乃养灵根而静心者之所用也。

第五编 李仲轩窍要谈

遂将三五少年辈
登高远望形神开

——李仲轩老人答读者问

问：

仲轩太师爷，请允许我这样称呼您，我的师承是李存义—刘云及—崔振先这一支。崔振先是我太师爷，他曾被薛颠吸入门下，所以称呼您为太师爷应属分内。我们这一支的教法是，打劈拳时松柔不用力，脚下动步时，要求一提一放，这样使不出劲来，可还得做出趟步的劲来。不知这样意义何在，又如何能做到？

答：

你要听你师傅的话。你的师傅是对的。武艺是以气用力，道艺是以神用气，更高一筹。形意拳是道艺，想不明白，是当然的。这是高东西，只能练明白。能和你们联系上，我很高兴，薛颠的武学沉寂了这许多年，以后还要靠你们去发扬。你知礼，你这个后辈我认了。

问：

我今年二十八岁，也喜形意拳，因练习出了偏差，想向您请教……（列举了自身多种病症）某书中说有种怪现象，凡练功即成时，总有突发之阻挠——正与我感觉相同。

答：

形意拳要用神，神是自然而然的，意是做作的。先从做作到自然，作了意还要入神。你练桩功而肾痛，中医讲久站伤肾，而形意拳是久站强肾。之所以没有收益，是因为你没有入神，练武要像写字、画画、奏乐般享受，才是练对了。形意拳不是力气活儿，你要学会调养自己，站桩要领、姿势可从拳谱上找，而入神要自己体会。至于你说的练武练到一定程度后有魔障，以我的眼光看，不是你到了一定程度后出的偏差，而是你一开始就错了。形意拳应该越练越有受益才对。以你现在的虚弱程度看，要继续求医。读书有书呆子，练武也有武呆子，不要做武呆子。

问：

李老师，对于您说的像流血一样的状态，要通过什么桩法方能练得？

答：

流血的状态是唐师的后人讲的，我没有这个说词。从拳理解释，要练得身形似水流，打拳不是较劲，站桩也不是死站，要有神，一念之间身上要有感应，形容这种感应可以说流水也可以说流血，这是个好词。你可好好参看薛颠《象形术》中的"武艺道艺之别"的说法。

武艺练气，道艺练神，从力气上出来的功夫不会有这种如水流的感应，从神上出来的功夫，是如水流。没有这种感应，就没有身法的神奇，光会换步还不是形意拳的身法。形意拳是道艺，作为习者，你要懂得向上求索。

象形术是一种别样的形意拳。发之于外谓之形，含之于内谓之意——这是对形、意二字的解释，如何成为拳呢？含之于内的意，可发之于外，发之于外的形，可含之于内——如此方为形意拳。

形意拳站桩时，目光要远大，眼神要放出去。打拳时，目光盯着指尖或拳根，随着拳势而盼顾，但余光仍要照着远方——这都是将意发之于外的训练法。

如何将形含之于内？这是老辈拳师不轻传的东西。以炮拳为例，炮拳总是两臂一磕，顶杠而进，有出手没有收手，其实杠出去后，还有个身子向后一耸的动作，这就是炮拳隐蔽的收手。

说是个动作，便错了，很微，甚至不必做出来，心领神会地耸一下即可。有此一耸，就出了功夫。象形术的摇法也如此，摇法似向身后划桨，还有水荡桨的向前一荡，这一荡不是实做，也是心领神会，而且不是揣摩体会，一刹那灵光一闪，想慢了就不管用了。

这两例便是含之于内的形，比武时，真正厉害的，是这种打拳时不打出来的东西。形意拳简单，象形术更简单，但内含的形丰富，如此方能善变，不是打拳时变，变在比武时。不必我一一举例，读者自可从《象形术》一书中找消息。

形意拳先教"行劲"，行对了劲，也就找着了身法。象形术先教身法，晃对了身法也就找着了劲，象形术晃法是在找劲，能找着自己的劲，也就能找着别人的劲，碰上就倒。

不管从何入手，都是要从一个东西里教出两个东西来。身法与行劲，一有全有，一个没有，两个都没有。这是教法的不同，不是本质的不同。不是薛颠法眼高，是有人只应薛颠的机关，在薛颠手里才成就了武功。

比如学书法，总要先从楷书里学出来，学出笔力才算书法。而宋代米芾横平竖直地写了几年，却写不出笔力，结果一看王羲之的行书，笔锋盼顾多变，一下就悟了，笔锋一变也就有了笔力。书法上有米芾的先例，拳法上有薛颠的教法。

年轻时，唐维禄的徒弟中，丁志涛是"津东大侠"，我是"二先生"，有老前辈们戏称我为"小李二爷"。我从小不爱吃干饭，走到哪儿都要粥喝，当年有"小李二爷爱喝粥"的说法。还有就是说我字好，有一度走到哪儿，哪儿的人都让我留字。

张鸿庆留过我的字，他是我未磕头的老师。我向他求教时，他在天津陈家沟子一个店里做事，常年住店，也不知他有没有家人。见不到他练武，只见着他赌钱。他非常聪明，这份聪明是练武修出来的。

形意拳练神不练力，有了神也就有了力。如何生神？要三顶、三扣，张鸿庆坐在赌桌前也能养住神。前面说了，打拳时有不打出来的拳，练法是一闪念，在平时生活中也要时不时这么闪闪——张鸿庆就这样，但一般人不能学他，赌博乱性伤神，是习武者的一戒。

记得以前有篇文章说，形意拳讲求悟性。如果说形意拳是岳飞传下的，那么祖师是三国的姜维。姜维传人周侗教出了岳飞、卢俊义，姜维后代教出了罗成的罗家枪。

姜维文武双全，对诸葛亮说："丞相，文我不如你，武你不如我。"诸葛亮就与他比大枪，结果姜维败了。诸葛亮是智慧的化身，贤者无所不能，一看就会，一会就精，若论三国武功，吕布、姜维都要次之，头牌是诸葛亮——这是二十年前，《北京晚报》上的文章，依我看，它说对了，比武比的是悟性。

不能自悟自修，只会跟着师傅，今天听个好东西，明天听个好东西，好东西是听不完的，这样没出路。大部分佛经都是阿难写的，他跟着释迦牟尼，今天听个好东西，明天听个好东西，结果释迦一涅槃，释迦的徒弟里，只有他一个人没能成就。孔子夸他一个徒弟能举一反三，不是夸夸就完。"举一反三"是学会一个东西的唯一方法。

我已经老朽，望有悟性者能参此《象形术》，以书为师，便认识了薛颠。

一生傲岸苦不谐

没有形意拳的基础，而直接照书自学象形术，必然有许多困惑。而系统地讲解形意拳，又不是杂志的篇幅。薛颠当年以猴形闻名，猴形的第一变是猴蹲身，形意拳练法的起点也是猴蹲身，此次便披露这一式，希望能对自学象形术的读者起到画龙点睛的作用。

形意拳的劲道叫翻浪劲，海浪反反复复，跌宕起伏。猴子一警惕，立刻缩身，危机一到，可向四方弹起。不懂得蹲身、起身，就练不出翻浪劲，薛颠是在猴形里出的功夫，他一米八几的个子，一缩身一小团，所以别人说薛颠能把自己练没了。

李存义不大教十二形，我们这一支如果没有薛颠也就没有十二形。从薛颠的角度讲，劈拳起手势、半步崩拳都是猴蹲身，这样十二形就入了五行拳，其实这是五行拳该有的东西。但不特意讲一下，自学者就不知重视。

翻浪劲要从"坐腰起腰"里练出来，腰一坐，膝盖就蹲了，猴蹲身首先能将膝盖练出来，没有起伏哪有翻浪？手臂做出翻浪状，这是假起伏，比武时没用，遇上强手，一碰就没。两胯有翻浪状，方是真起伏。不见形的翻浪——这无从讲，只能讲有形的翻浪，无形的要从有形里练出来。

形意拳的根本是敏感，有人上战场杀得敏感了，有点风吹草动，脖颈子就一激灵。但反应快了也还会挨打，因为这只是意识到了。惊脖颈子没用，得惊尾椎子。反应是反应，反击是反击——这是许多人比武上不了档次的原因，反应和反击在一块的法子，就是惊尾椎子。脖颈子惊了，还得准备动作，尾椎子惊了，自然就有动作发生。

能坐腰，就能惊尾椎。猴蹲身时要聚精会神、全身贯注，这两个常用词，就是至关重要的窍门。

在形上讲，蹲身对浑身筋骨都有好处，但要是不动意，功夫练不成。蹲身时要让肉体联系上精神。神不练，光肉练——尾椎是惊不了的。缩身、团气、凝神、惊尾椎，这就是猴蹲身的精义了。

同样，猴扇风也是要用神练，猴扇风没什么动作，就是两手在耳朵旁扇扇，学猴形没学到神，就会学出一身滑稽。

说形意拳难看也主要是有这个猴蹲身，练拳时，处处都有只猴子蹲着，可想这一式的重要。猴蹲身之后，有张狂的招数。蹲身先练了膝盖，所以猴蹲身一变，就是扬身膝击，名猴挂印。这一蹲一扬，正如劈拳的一起一伏，也如崩拳的一紧一弛，只不过猴形放肆，劈崩含蓄。

猴挂印的下一变是猴摘桃，就是抓敌人脸，泼妇打架一般，这是为膝击做掩护。不抬腿是立于不败之地，抬了腿是兵行险道,得有收场、后撤的伎俩。这连抓带点,练着滑稽,打起来狠狈,但这一番乱七八糟,兴许就乱中取了胜。比武时要懂得挑事端、找头绪,无理取闹一下,也许就乱了对方的方寸。

人在抬重物时,会用蹲身起身的方法抬,摔跤要用上腰胯方能胜人,一抡拳头反而忘了。满族人的跤法叫鞑子跤,连踢带摔,一近身就用脚铲人胫骨。光绪的父亲奕譞当时绰号"大力神",是鞑子跤高手。有的跤场就托名是他传的跤,那就不好惹了。鞑子跤的基本功,一是跳黄瓜架,传说满族人摔跤的祖师家里种黄瓜,早晨起来就在黄瓜架下跳胯。

第二个有趣的基本功是撸草绳,就是一根小孩胳膊粗的草绳子,来回撸,体会"劲在两头"的感觉——象形术摇法便是练"劲在两头",虚了这根绳子,或轻或重地练。

飞法在生活中常人也总用,比如过年时放鞭炮,点炮信子时,拿着香头的胳膊上的那种感觉,就是飞法——没这个拳意,不成功夫。飞法可以用在劈拳中,我们的

猴挂印 1

猴挂印 2

猴挂印 3

掌是"叉叉手",五指根都要叉开,一掌劈出去,含着掌心,精神在食指尖上。可以将这根指头当成点炮的香头,找着这感觉,象形术就进了形意拳。

其实,飞法是形意必得练出来的东西。但往往人练出来了却总结不出来,因为功夫是自然而成的。而且不管总结得多高明,只要落成文字,内行人见了,总有"这少一句,那少一句"的感慨,武术这东西,说不全的。

薛颠将这个要点预先拣出来,是他的教法。碰上资质好的人,会举一反三,说的少也等于全说了。

云法不是云手,而是云身子,为体会云法可以转转铁球。十几斤的铁球,抓在身前,能令人身子前后失衡,手上的铁球一转,全身的重量都调整上了。这个转铁球之法可以和云法相互参究。能云身子,也就能变换身形地进退了。

晃法有舞大旗的意思,旗面的婀娜多姿,是旗杆子带出来的,这是以实带虚;旗面也能以虚掩实,藏着的旗杆子随便一点,就能伤人;舞大旗舞急了,旗面的布能把人脸抽得生痛,这是以虚变实;拿刀砍旗杆,旗杆一晃，旗面就把刀兜住了，这是以实变虚。

旋法是象形术里的小八卦掌。形意古传的身法练习是转七星，将七根竹竿插在土堆里，来回绕。练到后来，竹竿要插成一条线，间隙很紧，仍能闪进闪出，方是转七星成就了，这是训练攻偏门。

八卦掌的出现对形意拳是个促进，在八卦掌这片天里试试形意拳，才能知道形意的潜力。有人说形意就是攻中门，八卦就是攻偏门，两者相互克制——哪有这回事，八卦里有形意，形意里有八卦。形意也讲究攻偏门。

练的功架是形意拳，比武时的变化也是形意拳。往深里讲，比武时的变化，才是真的形意。练武时的一招一式，是在练随机应变。害怕比武时被人打死，就不能在练武时把自己练死。

我们李存义这一支一趟拳练完的收势动作，是转身收势。《象形术》一书上画的旋法动作，近似于李存义传下的崩拳的收势动作。一个收势也是小八卦掌——这是形意拳容易被忽视的地方。练拳要找捷径，但也要踏实，五行拳功架不枉人，一点一滴都有妙处，只要都练到了，比武时就明白自己练的是什么了。

能硬打硬进，也不硬打硬进，一对一，可以硬碰硬，但一个对七八个时，怎么办？练武修出的劲道跟人硬拼了，那么练武修出的灵性干什么呢？内劲是虎，身法是龙，功力足还要智慧深。只能力胜，是俗手，能智取方是高人。

尚师强调智取，他与当时八卦掌最高成就者程廷华有过一次试手，打了这一架，就知道形意拳什么最宝贵了。可惜尚师没有留下文字，薛颠留下文字了，要珍惜。比武时，脚下一迈步要有指向，练武不是光练一身力气，关键要把方向感练出来。李存义写书招来天大麻烦，很多人找到国术馆，一坐下就说："听说，你们爷们儿厉害了。"这个话茬没法接，李存义干脆就比武。

尚师、唐师当年见过李存义比武，均说他与人交手没回合，只打一个照面的架。这是方向感卓越，光劲道强，脚下不会捕人，不会这么利索。唐师欣赏薛颠，也是薛颠在这方面天赋好。

形意要"如犁行"。犁在地下走，将土地掀了。形意拳功夫在脚下，劲是自下而上的，就算是一掌劈下去，效果也是把对手连根掀了。如犁行的另一个讲法是，正如拉犁得有个方向，农民犁地都是一直道、一直道地犁，这样一块地很快就都犁到了，要是没个准头地乱来，一块地就怎么也犁不完了。

犁在土底下，向前要有准头，比武时脚在身子底下，也要有准头。不知道如犁行，就不知道身法是如何变的。学会省时省力，自然技高一筹。

擒拿也要走偏门，拿没打快，但你走在别人偏门上，别人就快不过你了。懂了旋法，与一般人交手，一个鹰捉就够了。

我老了后娱乐就是下下象棋，七十几岁在街边下棋时，遇上了一个练拳的，他当时四十多岁，别人叫他"大生"。他连输给我几盘，我要回家吃饭，他用手抓住我领子，说我一走就打我。

我一个鹰捉将他按在地上，松了他，他就抡拳头，我再捉住他，顺着个崩拳的劲把他甩出去了。围观的人不知道，他心里明白怎么回事，立刻对我恭敬了。我不让他跟人说我会武,他也不好意思说。此人后来问我武术的事,我说:"别谈了,有时间下棋吧。"

练武时,脚下有准,手上也要有准。形意拳是"拳从口出",拳从腰里升到自己的嘴跟前,再递出去——这个练法很妙,调动人的精神来打中线。练拳时得有个冲击点,点子对了,拳架才能整。能打在自己中线上,全身的重量就上了拳头。

明白了拳从口出、如犁行,在"全身重量上拳头"的过程中,也就找着了六合(肩与胯合、肘与膝合、手与足合)。功架整了,自然要求变通,揣摩六合在力学上的妙处,也就找着了三节(臂的三个关节、腿的三个关节、躯干的三大关节),三节可以整成一节——这是意境上的说法,以意境而论,也可以说三节无穷尽,爆炸力是整劲,一条蛇,击其首则尾应,击其尾则首应,这也是整劲。

一般练形意拳都是从劈拳里打出来,尚云祥是个例外,他是从崩拳开始学的。李存义当年教他有"先考验一下"的意思,没系统教完,主要是崩拳,因为崩拳的起手势是劈拳，校正了一下劈拳拳架，等于劈拳也教了。劈、崩、钻、炮、横各有各的变招，而只有崩拳是一小套拳，因为崩拳转身的招数多。

形意拳主要是攻中路的拳，所以崩拳是形意的重点。崩拳伸手就是，没有劈拳那么严格的"拳从口出"的动作。但这一小套拳中含的"狸猫上树""懒驴卧道"都是拳从口出，而"后手撩阴"的变招"反手刺喉"也是擦口而出。

因而崩拳中也有这个训练，这是形意拳的基本。按照拳从口出、如犁行的练法，对己对人也就有了纲领。

我与丁志涛当年在宁河都有慷慨仗义的名誉，也喜欢自己有侠名。我俩的师傅唐维禄绰号"北霸天"，听着凶，其实唐师无权无势，时时善待他人，这不是老百姓叫的，是武林朋友叫出来的，说唐师在河北北部练形意的人中领了先。

我当年初见唐师，问唐师有什么本事，唐师说："没什么本事，只会在弹丸之地跟人决胜负。"在弹丸之地，转瞬之间，能找准自己身体的去向，这就是本事。薛颠的口头禅"搁对地方"也是此意。

练武人要仗义,但更要明是非。仗义得糊涂,一是会被人利用;二是仗义了这个人,就害了那个人,往往拖累的是自己家人。我五十几岁得重病,对哥哥李捷轩说:"死就是过过电,没什么大不了。"我觉得自己这话硬气,却搞得他非常难过。

少年时崇尚侠义,结果为人处事的分寸感不好。我一辈子买东西没跟人还过价,事情做了就不后悔,其实心里也明白其中是有得失的。后辈的习武者,要吸取我的教训。

万言不值一杯水

万事开头难,练形意拳不懂起势,就生不出劈、崩、钻、炮、横。此番由起势一直讲到马形。马形易练好使,也许有助于读者对形意拳发生兴趣,这是我的考虑。

先解答近日的读者来信:

一、《象形术》书中,薛颠讲武功练到极处,身体可发电力击人,您是否做到?

二、您说浑圆桩与校二十四法稍有区别,但"一个无为，一个有为"的说法，实在听不懂。

三、我一练形意拳就喉咙痛，有何对治法子？

四、您在以前的文章中说学会了劈拳，自发地就会打虎形了，这是什么道理？

武林里的奇事多，我有个朋友叫金东林，是个天生的罗锅。但几年没见他，偶然遇上，发现他腰杆直了。他说是个新疆老头给他治的，我对此百思不得其解。还有奇事，就是传说有个绝技叫"喷口溅"。

旧时代练武人时兴访人，练成了就四处走，谁出名就找谁，上门就打架，败了学两招，胜了立刻走。有个壮武师，访到一个老头，老头说："我多大岁数了，比不了。"

壮武师非要比，这时有个人挑了两桶水过来，老头说："那就比吧，可你得容我喝口水。"拦住了挑水人，没想到老头一喝就喝了一桶水，壮武师看呆了，老头猛一张口，一口水把壮武师喷倒在地。

我没见过练形意的人练这东西，原本以为是传说，但一次看戏，发现评剧名角高月楼在舞台上表演这个。

他在台下也表演，一口水能喷出去很远，离他一步距离，挨他一口水，等于挨一个小拳头。

我小时候是个戏迷，现今也有三四十年没进过戏院看戏了。发电力打人，我的程度不够，拿我无法验证。但练武时一定要有"电力感"，就是敏感。

尚师与程廷华做试手，起因在尚师。尚师是矮矬子、大肚子，他到程廷华家拜年，坐在八仙桌后，很隐蔽地用肚子一拱。尚师的劲道刚将桌子撼动，程廷华的手就拍上了桌子，然后两人去院里试上了。有人说："程廷华通了灵。"那是赞叹程廷华的敏感。

有了敏感，才能带出各种各样的功夫。所以形意拳的起势，是"起"敏感。具体动作是，两手像托着两碗水似的向上举，在眉前一转，就举上了头顶。假想中的水不能洒了，慎重了，也就敏感了。

举到头顶后，大海退潮一样退下来，到眉前有了压意。空气就是大海绵，要把海绵里的水挤出来，这样一直压到大腿根。此时要屈膝合胯，整个人蹲下来。蹲下的同时，两只手一提，缩到了腰际。

身子团紧了,手也要团紧,像拧一个东西似的,五指一个一个地攥起来。一做起势,周身敏感。两臂上举,大脑就清爽,犹如野兽脑后的毛能奓起来,脖颈子会吃惊。

屈腿蹲身,能生力,犹如野兽一咬东西尾巴就奓开,尾椎子会吃惊。眼睛在正面,人在眼前做事,前身人人都不迟钝,只有后身敏感了,才能快人一筹。

形意起势好处多,学一个起势就可以练功夫了。起势后面的劈、崩、钻、炮、横,这份敏感也得带上。浑圆桩也要敏感,姿态是,两臂虚搭在身前,略有抱意,左右手各对着左右胸肌。薛颠管胸肌叫"猫子",应该是他的乡音。浑圆桩便是"两手照着猫子",其他顺其自然,没有别的要求。

浑圆桩是以眼神站桩,两眼要望上高瞟。练武先练眼,眼能生神,所以是练武先练神。人爬上山顶,累得疲惫不堪,但目光一远眺,身上就轻松——浑圆桩是这个原理。

所谓"心有灵犀一点通",眼神就是这个灵犀。久站磨炼筋骨，但只坚实了筋骨，等于没有站桩。眼神和肉体的关系，是浑圆桩要体味的东西。有了灵犀，才能有生机，冬天过去大地回春，生机一起，土里都是香的，抓把土，粒粒都是活的，站桩也要把自己站活了。

站浑圆桩时身子让眼睛领走了，身子不能做作。拳学是实践之学，对于浑圆桩，我只有这些说辞。而校二十四法，是在身上下功夫。

二十四法对人从头到脚都有要求，任何一个拳架里都得有它。要二十四法齐备地校，刚开始做不到，就一法一法地校出来，总之，最后要做到身上随时都有它。

可以一次次地，每次几秒几分钟地校，也可以像站浑圆桩般一直站下去，但老辈人一般是一次次的练法，李存义的功夫不是久站站出来的。

打完拳喉咙痛，这是没有做到二十四法中的"舌顶"，舌头没舔上上牙床，打拳就岔了气，自然喉咙痛。喉咙痛尚是小事，尚师说："刚学拳的小子，可得有人看着，小心练拳练成罗锅。"

一般体育主要练胳膊腿，而武术要练脊椎，二十四法不到，打什么拳都是畸形的，长此以往，脊椎就别扭了。打拳尚且是活动的，站桩固定身形，容易挫伤筋骨，要懂得用二十四法保护自己。

二十四法上身，是一种轻盈感。站桩不要较力不要找劲，站着站着，身体容易不知不觉较上力，就要懂得松下来。形意拳不怕松就怕紧，形意以敏感为先，一重拙，就不长进了。其实站得轻盈，才是真较上了劲。站空了自己，才是全身都振奋上了。

站得了二十四法，还要打得了二十四法，在运动中得它。这个由静到动的关口很难过，所以在站着时，要学学"打一厘米"的拳。

校二十四法不是摆空架子，拳架的形标准了，还要让形里生东西。架子光分毫不差还不行，架子要有动势。比如摆出虎扑的拳架，就要有扑出去的动势，还要有蹿回来的动势。要把这个来回大动势压缩在一厘米间。

摆拳架看似不动，其实筋骨肌肉都牵挂着，扑这一厘米。犹如山谷有回声，身体也有回力，扑出去一厘米，再回来一厘米，要用回力来锻炼，如此易出刚劲。站桩之苦首先是筋骨软弱的疲劳之苦，学会了这个方法，站二十分钟桩，等于打二十分钟拳，也就喜欢站桩了。

不校二十四法，练武不能入门，不学拳架，难成大器。五行拳功架是几百年总结出来的东西，不去体验就可惜了。知道虎扑是前扑之后有回力，脚下能向前蹿还能向后蹿，这是知道了虎扑的来龙去脉。

我拜师尚云祥后，唐维禄嘱咐我："你尚师傅是精细人，他的东西是精细东西，好好学。"尚师为人的精细，是他会摆脸色，什么事不合心，嘴上不说，脸上一沉，别人就知道自己错了。脸色摆得是时候、是地方，不是光吓人。尚师是个很随和的人，但我也常常在他面前不敢说不敢动。

尚师拳法的精细，是将功架的来龙去脉梳理得清晰，体会得深。尚师与唐师所传的功架大体一致，小有区别。也就是在对来龙去脉上，有个别地方走得不一样。

学了劈拳就会打虎扑，是因为虎扑等于两只手的劈拳。劈拳是一手前扑，一手后兜，虎扑是两手扑，两手兜。在学打一厘米的拳时，虎扑容易上手，劈拳稍难掌握，所以也可以是学会了虎扑，自发地就会打劈拳了。

打一厘米的拳，也是一种动脑子的方法，用这法子，要把所有功架的来龙去脉一一摸出来。

尚师赢得了身前身后名，而薛颠去世后，人们忌讳他。我没有去过他家，随他习武时，听两句好的，我就上瘾了，赶紧找个没人的地方练去了。他那时常晚上一个人住在国术馆，国术馆在河北公园里，只要国术馆亮着灯，公园里的地痞流氓就不敢活动了。薛颠不是神，但也镇住了一片地方。

武术练脊柱，在形意拳中马形是个明显的例子。马形是左右侧弯着上身，晃着脊椎打的拳。马形两手斜分上下，齐出齐转，就像握着个方向盘。一手高一手低，就转了向，一转，左势变了右势，下手成了上手。如此连环不断，犹如炮拳一样，只有出手没有收手，所以被称为"马形炮"。

炮拳两手有前后，马形是两只手的炮拳，两手齐出，好像呆板，但只要转起来，呆板的也就变化无穷了。这个左右翻身的打法，不是翻胳膊，而是要把整个身子的重量从这边翻到那边。所以练马形对出整劲有好处。马形有践踏之意，动了手就不停，这个打法能先发制人。动手想快，光抡胳膊不行，脚下得踏上劲，手上才能快。所以马形抡着胳膊却练了脚。

马形成就了，脚下有弹力，随时可撩起伤人，冲着敌人的胫骨、脚腕，撩上就踏，脚离地的时间越少越好。马形的腿击法，不是明目张胆，而是在抡胳膊的时候藏着。其中的巧妙，希望初学者用"打一厘米"的方法好好揣摩，这是个容易使上的防身之技。

练武最好不动武，唐师教育我："别人的好，一辈子不忘；别人的不是，转头就忘掉。这样，你就能交到朋友了。"年轻人，心胸要大点，不要做"与恶狗争食"的事，只要自己在理，不抡拳头，也能找到公道。

练武人不信仙不信佛，就信一个善有善报、恶有恶报。尊重师长，可以学到好东西，帮助别人，可以增长豪情，气概不凡，心智就提高了——这都是善报。

在宁河老家，流传着我二姥爷王照[武]善有善报的故事。王家世代武官，王照年轻时也是剽悍的人，给乡团训练兵勇，冬天操练只穿小褂。一年春节，他在街上见到个卖纸笔的小贩在风里冻着，就请他喝酒，知道是个落魄的读书人，就给了一笔钱要那人考功名。

清朝二品以上的官是慈禧管着，光绪要留着王照做实事，对他说："委屈您做三品。"百日维新失败，慈禧要杀王照，他得到消息，没回家就逃了，所以身上没钱，逃到浙江某县发现县太爷就是当年的纸笔贩子，便去相认，那人给了王照四百两银子，王照就用这四百两逃到了日本——这是民间的说法。

清朝灭亡后，段祺瑞看上了王照的声望，聘他做顾问，月薪八百大洋[叁]，王照白拿钱不做事，他有点钱都用在他的发明——官话合音字母上了，印成小册子大批奉送，官话合音字母就这样推广起来了。

我的父亲李逊之不是王照的学生，但俩人师生相称。唐诗宋词清对联，李逊之作对联很机敏，常出风头。王照很欣赏他，当时他死了妻子，我母亲王若南其时已经和山西杭家定了亲，而王照做主，退掉这门亲，将我母亲许配给我父亲。王家的大小姐给人做续弦，王家很多人不同意，而王照说李逊之前途远大，坚持下来。

后来我父亲酗酒早逝，王家姐妹还常给我母亲送钱，觉得三姐受了委屈，埋怨王照办错了事。王琦是我的老姨，比我母亲小十几岁，她出生的时候正是王家躲避仇杀时，因为总哭，一度打算把她在半路上扔掉。她后来嫁给了南开大学陈云谷教授。

丁志涛一个人制止了两村人的武斗，这么危险的事做下来，因而成名。我呢，没做什么事情也成名了，这多少沾了王照的光。当时王照满国皆知，越是练武的就越尊重文化人，一听说王照是我的长辈，便很注意我，传得多了，我这小伙子就成了"二先生"。

年轻时，我离家出走后，大事小事都听唐师的安排，但一次唐师要给我说亲，让我娶一个武林前辈的女儿为妻，我犹豫了。这位前辈没有儿子，娶了他女儿，就得把他的名声也承担下来，我只是在这件事上没听唐师的。我怕唐师跟我说之前，也跟这位前辈家打了招呼，所以这位前辈去世后，为避免尴尬，我就没再和他的家人交往。

我年轻的时候，是浪得虚名，老了写文章，又是浪得虚名。我在七十四岁出意外，床上瘫了近两个月，手脚不能动，神志不清。有人说我是煤气中毒，有人说我是在八大处出了车祸，我自己对此没有记忆。病历写的是小脑萎缩、腰部外伤。以我这半残之身来现世，等于献丑。

我没有奇技绝招，只懂得些形意拳基本的东西，能有人愿意听，就说得多了点。

注　释

[壹]

起势九歌：

身：前俯后仰，其式无劲。左侧右斜，皆身之病，正而似斜，斜而似正。

肩：头宜上顶，肩顺下垂，垂左肩成拗，右肩自随，身力到手，肩之所为。

肱：左肱前伸，右肱在肋，似曲不曲，似直不直，曲则不远，直则力少。

手：右手在肋，左手齐胸。后者微拓，前者力伸，两手皆覆，用力宜匀。

指：五指微分，其形似钩，虎口圆满，似刚似柔，力须到手，不可强求。

股：左股在前，右股在后，似直不直，似弓不弓，虽有直曲，每见鸡形。

足：左足直前，斜则皆病，右足势斜，前踵后胫，二尺距离，足趾扣定。

舌：舌为肉梢，卷则气降，目张发耸，丹田气壮，肌肉如铁，力坚腹脏。

臀：提领臀部，气贯四梢，两腿相随，臀部内收，低则势散，故宜稍高。

［贰］

王照（1859—1933），字黎青，号小航，又号水东，天津芦台镇人，清咸丰九年五月初八（1859年6月8日）生人。曾祖王锡鹏做过安徽寿春镇总兵，父亲王楫为太学生，袭骑都尉兼云骑尉职。王照幼年丧父，由叔父收养。从小喜欢观察星象，尤其爱读天文、地理、兵法书籍。十岁后从塾师学诗文，1877年入书院，1891年中举，1894年取进士，点翰林院庶吉士。维新运动期间，他因参与变法而遭到顽固派的缉拿，逃亡日本。后致力于汉语注音研究,并出版《官话合声字母》一书,著有《水东集》《小航文存》。1913年,北洋政府教育部召开读音统一会,王照被选为副会长。1933年6月1日在北京病逝,享年七十四岁。

〔叁〕

段祺瑞为让王照拿钱,给他安排了两三份工作,约至八百,而王照觉得自己白拿钱还要占两三个职位,对他人不公平,后只保留一个职务,每月三百大洋左右。

王照次子王守谦留学法国,曾在北京大学学习、教授法语,北大校长胡适每年都来给王照拜年。胡适走时,王照相送,脚不出门槛。

仰天大笑听秽语
我辈岂是草木人

　　薛颠传我的鸡形主要是鸡翘脚、鸡啄米两式,但这两式的功用可以发挥到一切拳架中。在十二形中,燕形是个匪夷所思的打法,鸡形旁通着燕形,也就一并讲了。

　　近日的读者来信提问为:一、练形意拳时如何控制呼吸,是否要逆呼吸;二、形意拳的练法与打法各是什么路数;三、我对您多次提到的"转七星"很感兴趣,能否说得更详细些。

练拳时不要刻意呼吸,不要大呼大吸,开始练拳要像夜行贼、捕食猫一样屏住呼吸,能如此小心,心也就静下来了。然后随着打拳打开了,要在拳里找呼吸,找着的呼吸是很灵活的,比逆呼吸要精细,身体更能受用。比武的时候,一切对应着对方来,不能自行其是地硬来,有敌招才有我招,无敌便无我;练拳的时候,一切要应着拳来,什么都在拳里找,不能把静坐时的呼吸法硬加到拳里。练拳就是练拳,练拳的有自己一套。

练法的大纲是"二十四法",打法的大纲是"八打"[壹],师傅们讲拳都是结合着个人体验,在这两首歌诀上发挥。"头打落意随足走,起而未起占中央"——鸡形是头打,鸡啄米就是擒住敌人两手时,用头下"啄"鼻软骨,上顶下巴,"啄"鼻软骨能让敌人血流满面,而顶下巴,能一下把敌人顶晕过去。

头与脚是杠杆的两头,头一前倾,脚上大拇指就吃力,脚上大拇指一蹬,头就顶上了劲。所以鸡形既是头打,必然连带出脚打。鸡翘脚是鸡啄米的必然变化。

鸡单足立地时是抓着爪子缩腿，所以要含着抓意提膝，有了抓意，膝盖下就能生出一踹，此踹很低，脚背外斜着翘起，所以名为鸡翘脚。鸡形的腿击是从膝盖生出来，不是直接使脚，所以能够"有机会就甩一脚，没机会就藏着"。

五行拳中的"十字拐"就是鸡翘脚，由此可见十二形是五行拳的发挥，五行拳是十二形的提炼。

以上是鸡形的打法，而鸡形的练法是成就功夫的关键。鸡形头打就要练头，头为一身之枢纽，头部僵硬，脚下再能变步数，转换身形时也仍然快不了。鸡总是一探头一探头地走，以头领身，鸡形就是用这个方法练身子。

转七星要用五行连环拳来转，五行连环拳并不只是拳谱上那一套，那是范例，拿来研究，要揣摩出"拳生拳"的道理，否则就辜负了老辈人留下这个拳套子的苦心。

在任何方向都能生出劈、崩、钻、炮、横，随动随有，不是那个套子，也是五行连环拳。只有转而没有生发，那是傻转，五行拳有生克关系，所以是很灵活的东西，学拳不开窍时，就要用转七星的方法把自己弄活了。唐、尚二师对五行连环拳没有死规定，转七星本是个玩法。

当年尚师跟程廷华相互绕着试手，身法中含着五行连环拳，并没有被程廷华绕到。可见五行连环拳与转七星是一体的，老辈人的形意拳注重偏门攻防上的闪展腾挪。我们刘奇兰—李存义派系形意拳在打功架时特别注重转身动作，这个偏门要点在基本功架里就训练上了。

至于鸡形"以头领身"的具体练法，考虑到一般读者没见过转七星，就以八卦掌来举例，点出八卦掌里的鸡形。但我只有些来自老辈人的听闻，没有实际练过八卦掌，如有不妥，还望指谬。

走八卦单换掌可用劈拳的架子，一手前扑，一手后兜，将这个架子维持住，两手不要再动。在圈子上的内脚直走，外脚内拐，这样就走成了圆圈。劈拳一手前扑，一手后兜时，隐含着向左右的撑起之力，既然走了圈，就要将这隐含的劲撑圆了。

走八卦练的是浑身的完整，手势不动，要以身动手。

内脚直走,身子前进,架子就有了向前扑的劲,外脚内拐,身子侧转,手臂就有了向外撸的劲。

一扑一撸地走圈,劲力就鼓荡上了。练单换掌看似两手不动,其实劲力在不断地翻腾,一比武就有了招。走圈,就是蹬身子,鸡翘脚般随时能独立,但不能露了形,要看似脚不离地地走。

但有人练八卦转一会儿,就头晕目眩,这是光蹬身子了。八卦圈不是脚脖子转出来的,而是头领出来的。头首先要虚顶,只有虚顶了才能转动灵活,头微一侧转,整个身子就得调过来。这个圈子是一侧一侧走出来的,所以偏门攻防的意识就养成了。

学会了调身子,重量就跟上了。这么走走,就是"全身重量上拳头"的好法子。而且劈拳两臂发挥向左右之力,架子就抱圆了,所谓"两肱圆则气到丹田",可以养生出内劲,有身轻力厚之妙。

肱,是两臂内侧的肌肉,两臂通着呼吸,两肱伸展,胸就含住了,气息就能向下深入。

用手、脚打人,也有鸡形在。脑门有顶意,拳头的分量就加大，后脑有仰意，撤身就快。可见单换掌"以头领身"的训练多么巧妙，脖颈僵硬地走八卦，就走不着东西了，单换掌是先有头功再有腿功，所以也可以是"头打落意催足走"。

"头打落意随足走"，是个杠杆力，脚下找着定位，头上就找着了落点，杠杆一翘就打了人。头得和步子配合方能练出来，打时也是两者配合着方能成事，随时可以鸡啄米一落定胜负，头有落意，劲落在手上，也是鸡啄米。恣，放肆、随便的意思，头活了，身法就活了，打法也就活了。

"起而未起占中央"，头打是难得用上的一招，敌人难给这机会，所以一般头打是含蓄着，起发动作用，发动手脚就势赢人。所以头的打意是起而未起的状态，居中不露形的。

燕形是足打，足与头密切相关，鸡形不成就，也没有燕形。燕形名"燕子三抄水"，三抄其实是两脚。五行拳中的"二起脚"就是燕形的基本形，二起脚是崩拳转身动作的变招——反手刺喉之后，将两只胳膊前后伸

374

头打

展开，内侧向上，然后两臂翻转，向下有了压意，脚上就顶上了劲，就着这股顶劲，后脚越过前脚，向敌人胫骨撩去，就像鞭炮二踢脚两响是一响接一响，后脚一撩，前脚就飞起，横踹敌人肋骨。

后脚一撩，敌人必后撤，前脚就有了踹肋骨的空间。这是人的必然反应，走在敌人前头，也就正好打上了。这是打法的算计。

注意，光有脚顶，飞身子仍不利索，只有头虚顶了，才能有足打的巧妙。二十四法中的三顶、三提等这些一般人容易忽略的东西，都是比武的宝贝。所以唐、尚二师讲，练拳要找来龙去脉，要练精细拳。

说燕形匪夷所思，因为形意拳是尽量不起脚，足打与头打一样，是含着的，脚上有足打之意，转在拳头上打出来，也是一样的。所谓"去意好似卷地风"[叁]，卷地风是吸着地转，形意拳脚下要有吸力，一出就踩，吸着地动脚。

而燕形是两脚都腾空，所以别人就说："哎呀，你们形意拳还有这东西！"燕形与十字拐略有不同，就是把十字拐翻胳膊生压意的动作给发挥了，两臂一翻，就撸住了敌人的胳膊，压意一发挥，借着敌臂的反弹力，一下就上了敌身，腾空的一刹那，就给了敌人两脚。第一脚可以不实际踢上，起到给第二脚一个助力的作用也行，撸住敌臂，上了敌身，那就还有第三脚。

不撸住敌臂也行，像象形术摇法一般，一挨就黏，一黏就擒住敌劲去摇，碰上哪儿都能借上力腾空。不过形意拳对脚离地非常慎重，一旦使上了燕形，就得取了人性命，所以此法要慎用。

我是个自己把自己开除出武术界的人，身处事外，对有的事听一听就行了，对有的事听了得说话。尚师是有涵养的人，待人随和又很稳重，他和唐师在一起都很少说闲话，不会和别人"嬉戏如兄弟"[肆]。有一位郭云深后系的拳家创了新拳，对此形意门没有故意为难的情况发生，我们承认他的水平。

老辈人经验深，看看神色，看看行动，就能衡量出一个人的武功处于何等层次，不必比武[伍]。尚师不和别人一块儿练功夫，自己成就自己，我没见过他推手。比武是很慎重的事，连人都没看仔细，就伸手让人搭，薛颠就不是这样的潦草人。

这位拳家和尚师、薛颠没有比过武，我身在尚、薛二师门中，当年的交游也广，在北京、天津都长住，六十多年来从未听说有此事。况且那些文字说是在尚师家、国术馆这两个群杂环境中比的武，武行中的闲话走得快，如真有此事，我总会听到。

他们三人也没论过辈分，形意门规矩大，民国社会上废除跪拜礼，但形意门一直是见了长辈要磕头，说话要带称呼，如果真论了辈分，以尚、薛二师的为人，平时说话会带上，也一定会对我有要求。而尚、薛二师提到这拳家时，是称呼其本名。

尚师一生不富裕，但他是形意门的成就者，年龄又居长，所以后起之秀见了他都要喊声"老爷子"。薛颠乡音重略显土气，一接触觉得像个教书先生，又很文气，但在武学上他有自信，别人很难得到他的认可。据我了解，他没搞过迷信活动，当年天津的形意门觉得他是个可以和尚师争胜负的人。

我们李存义派系的形意拳不太注重拜岳飞，只在拜师时拜达摩，算是有了祖师，平时也不拜。形意门收徒的大规矩是：

一、如果做了官，就不能在武林中活动了，以免有仗势欺人之嫌；

二、不能搞迷信，因为我们有祖师。练形意的人不迷信。

虽然薛颠死后背负着"拳霸"的恶誉，但活着时，一直享有盛名，如果有败绩发生，定会轰动全国。别人可以在天津发展，是薛颠能容人，不可将此视为击败薛颠的证据。在天津的武术家多了，难道他们全都打败了薛颠，才能待在天津？这是不了解老辈人的人品。那些文字贬损了尚、薛二师。

我讲的都是当年的武林规矩、常识，我是个不成器的弟子，没能成就，但做徒弟的，起码知道师傅的程度，内行人也自有看法。

我年轻时在天津，对于这位拳家的弟子没有接触，但多少知道他们的一些言辞，他们当年也没这个说法。

我那时叫李钺(yuè),仲轩是我的字,建国后登记的户口,再后来的身份证,都用的是李仲轩,怕本名较偏,别人不好念,也免去了年轻时习武的经历。李钺——天津武术界的老人总会有几个知道这名字,所以我也倚老卖老一下,为我的师傅们做个见证。

注 释

[壹]

李老2004年3月4日背诵八打歌诀,如下:

形意有三挺,挺腰、挺胫、挺气(膝),有坐腰没塌腰。

头打落意随足走,起而未起占中央,脚抢中门占正位,就是神仙也难防;

肩打一阴返一阳,后手只在胯下藏,合身辗转不停势,舒展之下敌命亡;

肘打去意上胸膛,起手好似虎扑羊,进退必须查敌色,自然之下敌命亡;

拳打三解不现形,现形不为能(三节有结有解,所以三节又称三解),宁在一思先,不在一思后,宁在一思进,不在一思停(思,脑子一闪念。比武是念动身动);

气（膝）打落意不落空，分分秒秒必须争，与人较勇需稳重，两手分敌定太平（分，把敌人的整劲打散了。气，即劲。也是膝打，两手支开敌人两手，膝盖撞击敌人胸口膻中穴）；

脚打踩意不落空，消息全凭后脚蹬，与人较勇无别备，进退好似卷地风；

臀打中解紧相连，精查敌意莫轻还，臀尾全凭精灵气，取胜速转莫迟延；

胯打中解紧相连，阴阳相合胯为先，里胯好似鱼打挺，外胯藏式变势难。（肚皮与臀胯紧相连，胯打臀打都是肚皮功夫。用外胯破绽大，难以打人。移形换影，将外胯换成里胯再用。鱼打挺是挑劲，胯上抡了大枪。）

［贰］

五行连环拳法：

混合五行拳法，联络成组，能进能退，式皆循环，光怪陆离，式皆连实，其进退也无定，故名曰进退连环拳式，今多简称谓之连环拳式。

连环拳法，以五行拳法为母，故五行拳法，其初步也，连环拳法其进退也，此法共为十式，进退各半，因其范围稍小，是以有引长之法，实非小也，其引长法即前节不转身，至崩拳式仍接二式，则往返至四十式之数。

拳法以应用为主旨，连环拳可以连实，五行拳应时措用，握之为拳，伸之为掌，故又可变为连环掌，此乃徒手之应用也。无论刀枪剑棍，皆能刺、劈、砍、打，以应用，此乃手势之变化也，故各种器械，均可包括无遗，则变化之技击，岂清浅鲜哉。

[叁]

形意拳六字诀：

采：鹰捉也；

扑：虎扑也；

裹：肘打也；

绝：刮地风也；

束：起也；

藏：落也（藏身而落）。

［肆］

这位拳家的传记中，称尚云祥年长辈分低，两人平时"嬉戏如兄弟"。

［伍］

李存义论观人法：

虚实巧拙者，是彼此两人一观面，敌方就要相较，察彼之身形高矮，动作灵活不灵活，又看彼之神气厚薄，一动一静言谈之中是内家是外家，先不可骤然取胜于人，先用虚手操试之，等彼动作或虚或实，或巧或拙，一露形迹胜败可以知其大概也。

君不见清风朗月
不用一钱买

形意拳还有秘诀,叫"肩在手前,手在脑后",不好懂。先讲个好懂的"手",我年轻时有外号叫"穷大手",说我没钱也争大,花钱不计后果。练武的人特别容易这样,因为交朋友时好面子,这是玩笑话。自修象形术,要懂得两个词,一个是"不着相",一个是"入了象"。

不着相,无踪无影的才能打着人,显架子、显功夫，就被人打了。"移形换影"不单是比武时的身法变化，还可以引申到练法里来。从练武的时候就不能着相，给个龙形，这是基本。练武打这个形，要打得它生出变化来，打得神龙见首不见尾。多练，不是简单重复，不是次数多，而是内容多。要把形打花了，打散了。一个形里生出许多东西来，这才叫多练。

能多练自然有趣味，苦练不对，抽鸦片最苦，但抽时最上瘾，练拳觉得苦，便是入了歧途。没有兴趣不上功，身子催着你练，身子不动脑子还动着——这是形意的练法。比武靠即兴发挥，练武也要即兴发挥。

男人天生好名利美色，说男人最高兴的时候是"洞房花烛夜，金榜题名时"，但练拳也能练得人最高兴。因为有个不一般的高兴，能看淡那些常人高兴的东西，所以旁人说："你们练形意的有歪理。"

形意比武发力时，只在碰到对手身上的瞬间，手才握紧。同样的道理，只在打倒敌人的一瞬间，才露真形——这是五行拳的用法，只用一点，一点即可。大部分时间是存而不用，神经上有储备就行了。《西游记》

里的妖精，关键时候才显原形，"真身只在刹那"。

练了拳，一天到晚身上显着架子，这是妖气十足。唐维禄怎么瞅怎么是个老农民，只在与人交手时两眼才来光，见着了唐师的神采，也就被他打倒了。在如何显真形这一点上，人和人就分出了巧拙。

刹那显真身，是形意拳的大巧，古拳谱云："拳打三节不现形，现形不为能。"——不恰当地现了形，是大外行。

指望摆出劈、崩、钻、炮、横的架子赢人，是指望不上的。不能蛮干，否则一下就被人借了劲。为人处事也要这样，练了武就藏着，藏不住就会得罪人，一得罪就一大片，藏还得深藏，关键时候露一手就行了。形意拳是留给笃实用功、心地纯正的君子的。

比武的关键，就是看对手给什么好处。人家送来的，不是自己预想的，就乱了，这是功夫未到。功夫好的人，打人跟预定的似的。

定法不是法，要见招使招、见势打势，但只会拆对方的招，还不行，要拆了对方的神。先要相人，将来把脑子"化"了，对方一动你就知道，这叫"入了象"。

河北有个庙州，在有一年的4月15日，尚师在那里显了神奇。他平时就是心里总迷着拳，他一闪念，催起了身子，一下蹿出去一丈多远，老辈人评说："尚云祥入了象，脑子化了。"

两强相遇勇者胜，两勇相遇智者胜，斗拳就是斗脑子。薛颠说："形意，以意打人为妙。"化脑子——这是形意的歪理。比武不能硬挺，要借上人家的招使上人家的力，"支使"二字是要诀。

练拳练到一定时候，就想练了，不练身上起急。练着练着，很舒服地痛了，说明长劲了，筋骨起了变化。再往后，得病一场，身体很健康，但就是觉得病了，哪儿哪儿都不对劲。

得适应一阵子，能自己把自己调理过来，就走上了康庄大道。如此循环往复，适应一次就长一次功夫，长了就管用，与人交手，鬼催着似的就把人打了。打人跟闹鬼一样，你说形意有没有歪理？

练拳不能太用劲，要用脑子调。太紧了人受不了，你以为下了功,只要练就肯定好,不一定,练反了就糟了。形意拳哪一拳都健身,反过来哪一拳都伤身,越练越松快,就对了,练着乏味痛苦,就要赶快变招。否则劲太紧了,能把人练傻了,这是真事,不是比喻。练拳就是练脑子,师傅留一手,徒弟们就成傻瓜了。

尚师对徒弟好,唐师说:"尚云祥无偏向,会多少,教多少,不留后手。"张鸿庆名声不大,人也不起眼,但功夫硬,随他习武时,因为没有拜师,所以他总说:"我这是给唐师傅捧捧场。"教我时没假话,可惜不深讲。

没立下师徒名分,应酬话就多。所以学形意一定得先拜师,老辈人很爱惜自己的名誉,是我的徒弟,得能代表我才行。秦琼和罗成相互教,最后秦琼留了个撒手锏,罗成留了个回马枪。而师傅教徒弟,留不住东西,也不敢留,因为练武差一点就有毛病。徒弟不如师傅,不是师傅不教,只是徒弟没练到。

薛颠教我的牛象和书上画的差别太大了,是完全不同的两码事,我也不知道是何缘故,披露出来,给读者作个参考。手指翻挺,这个小动作就是牛象。指头上要有牛劲，五百多斤的牛能把全身重量顶在犄角上。用法是，贴身战时扎敌脸，是被人擒拿住肩膀时的脱身动作，或敌人攻击头部时的反击动作。

头部下低，也要向前顶一下，给扎出去的指头一份助力。因为头低下了，眼睛看不到手，手指凭个大感觉盲目地扎过去，有点像小孩打架，是撒泼打诨的无赖动作。薛颠的修为能点穴，所以在短兵相接时，捏、拿、点这三样别人不好使的东西，是他的拿手好戏。

练了牛象，指头上出了功夫，就可以进入猿象[壹]。所谓"入了猿象，满脸花"，和牛象一样，猿象也是扎人脸，只不过牛象是被动反击的险招，猿象是主动地戏耍别人，用的是"肩在手前，手在脑后"的身法秘诀。

说是秘诀，字面上也不玄虚，说的是反身打法，"肩在手前，手在脑后"的隐喻是重点的重点，没师傅的人不知道练这个。战斗一起，会有意外妙用，是形意的精华。

形意拳中的偏门攻防、反身打法是李存义发扬的，从李存义开始，形意的钻拳中就融入了八卦的东西，借着八卦的动作往身侧点——唐师、尚师传我的都是这个功架。

我得的钻拳的基本形不是从下往上钻，而是从中往侧点。那个借来的八卦动作，借了就不还了，融在钻拳里起了变化,还有八卦"回身掌"的形态,向体侧一滑步，前手向外撸去，还有塌劲。胳膊撑起来，手掌是横的。

然后，后手随着点过去，手虽有前后，但两臂要有合力。犹如弓弩，两头绷上劲，才能射出东西，松了哪头都不灵。钻拳犹如螃蟹，是横着走的,左向一掌跟一拳、右向一掌跟一拳，就练上了反身。

猿象的反身动作比钻拳大，因为钻拳把由下往上的钻势压缩到一根直线里了，而猿象把这个上下钻势张扬了，蹲身时一回头就转了向，这一转比钻拳带的动静大。转了向就钻，犹如猴子一下蹿上树，人虽然没跳起来，劲要蹿起来。

象形术猿象的指头奔着人脸，形意拳猴形的猴挂印也要预备着——这个比武要点，我看书上提了一句，在此特别强调，这两招是一个招，少了谁都有危险,猴挂印，膝盖是一大块骨头，等于一方大印，要把这大印的分量

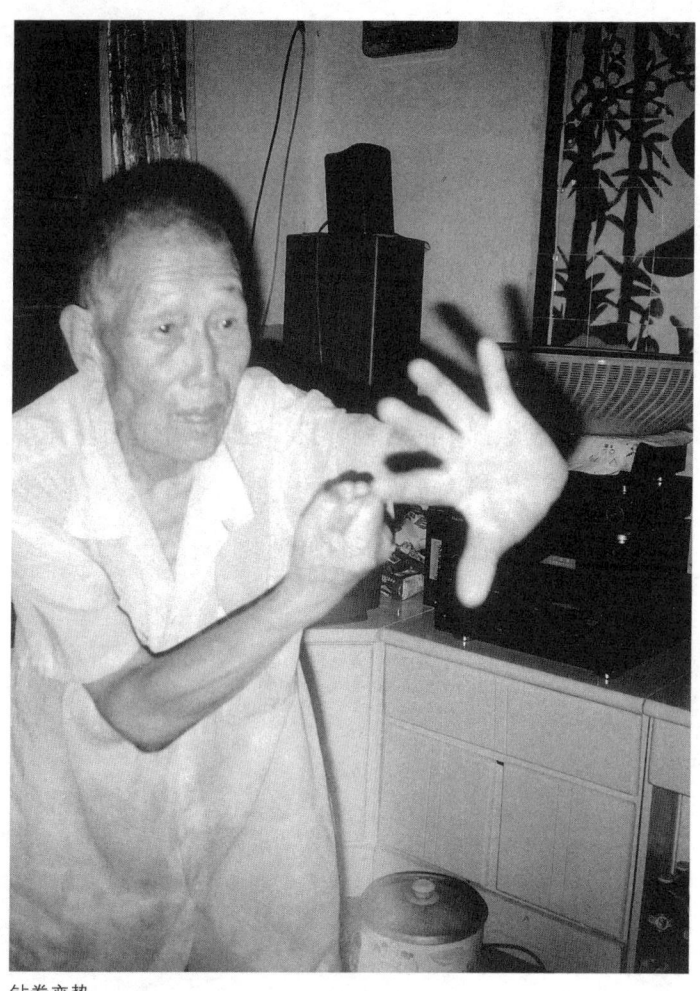

钻拳变势

挂到敌人胸膛里去，最佳的落点是两胸间的膻中穴。

这是个狠招，但不会反身换身影，一抬膝盖便会挨打。

练武枯燥乏味时，要往骨头里边练，不要管什么"中节随、根节追"了，活动着就行了，全身一块儿往骨头里走，这是猿象的轻身法。只能意会，无法言说。

形意拳、象形术、八卦掌都是一码事，最要紧是郑重其事，练一点都不能含糊。我年轻时练拳起五更睡半夜，喜欢夜深人静、无人干扰的光景，一个人只有练拳的心思，就能得着越来越多的东西。

注　释

[壹]

象形术有五法八象，八象为龙、虎、马、牛、象、狮、熊、猿。李老五法讲完后开讲八象，但初讲到牛、猿二象，便辞世。可惜八象未完，象形术的口传就此残缺。

附录二

岳武穆九要

姬际可捡到的半册残书,被命名为《岳武穆九要》,以下为该书正文,仅供参考。

[总论]

器，上而通乎道；技，精而入乎神。惟得天下之至正，秉天下之真精者，乃能穷神而入妙，察微而阐幽。形意之用，器也、技也；形意之体，道也、神也。器、技，常人可习而至；道、神，大圣独得而明。

岳武穆精忠报国，至正至刚，其浩然之气，诚霈然充塞于天地之间，故形意之精，非武穆不能道其详，然全谱散佚，不可得而见，而毫芒流落，只此九要论而已。

吾侪服膺形意，得以稍藩围，独赖此耳。此论者九篇，理要而意精，词详而论辨，学者有志，朝夕渐摹，而一芥之细，可以参天，滥觞之流，泛为江海，九论虽约，未始不可通微，何莫造室升堂也？

[一要论]

从来散之必有其统也，分之必有其合也，以故天壤间，万类众侪纷纷者，各有所属；千汇万品攘攘者，自有其源。盖一本可散为万殊，而万殊咸归一本，乃事有必然者。

且武事之论，亦甚繁矣，要之，诡变奇化，无往非势，即无往非气，势虽不类，而气归于一。夫所谓一者，从首至足，内之有脏腑筋骨，外之有肌肉、皮肤，五官百骸连属胶聚，而一贯者也。击之不离，牵之不散，上思动而下为随，下思动而上为领，上下动而中节攻，中节动而上下和，内外相连，前后相需，所谓一贯，乃斯之谓，而要非强致袭为也。

适时为静，寂然湛然，居其所向，稳如山岳；值时而动，如雷霆崩出也，忽而疾如闪电。且宜无不静，表里上下，全无参差牵挂之累；宜无不动，左右前后，概无循倍犹豫之部。洵若水之就下，沛然莫御，炮之内发，疾不掩耳。无劳审度，无烦酌辨，不期然而然，莫之致而致，是岂无故而云然？乃气以日积而见益，功以久练而方成。揆圣门一贯之传，必俟多闻强识之后，豁然之境，不废钻仰前后之功。

故事无难易，功惟自尽，不可等躐，不可急遽，历阶以升，循序而进，而后官骸肢节自能贯通，上下表里不难联结。庶乎散者统之，分者合之，四体百骸，终归一气而已。

[二要论]

论捶，而必兼论气。夫气主于一，实分为二。所谓二者，即呼吸也，呼吸即阴阳也，阴阳即清浊也。捶不能无动静；气不能无呼吸。吸则为阴，呼则为阳；主乎静者为阴，主乎动者为阳；上升为阳，下降为阴。盖阳气上升而为阳，阳气下降而为阴；阴气上行而为阳，阴气下行而为阴，此阴阳之分也。

何谓清浊？升而上者为清，降而下者为浊。清气上升，浊气下降。清者为阳，浊者为阴。要之，阳以滋阴，阴以滋阳，统言为气，分言为阴阳。气不能无阴阳，即人不能无动静，鼻不能无呼吸，口不能无出入，乃对待循环不易之理也。然则气分为二，实主于一，有志斯途者，慎勿以是为拘拘焉，学贵神通，慎勿胶执。

[三要论]

夫气本诸身，而身之节无定处。三节者，上中下也。身则头为上节，身为中节，腿为下节；头则天庭为上节，鼻为中节，海底为下节；中节则胸为上节，腹为中节，丹田为下节；下节则足为梢节，膝为中节，胯为根节；臂则手为梢节，肘为中节，肩为根节；手则指为梢节，掌为中节，掌根为根节；观于是，而足不必论矣。故自顶至足，莫不各有三节也。

要之，若无三节之所，即无着意之处。盖上节不明，无依无宗；中节不明，浑身是空；下节不明，动辄跌倾。顾可忽乎哉。故气有所发，则梢节动，中节随，根节催。然此乃按节分言者，若合而言之，则上至头顶，下至足底，四体百骸，总为一节，夫何三节之有，又何各有三节云乎哉？

气之外，进而论夫梢者焉。夫梢者，身之余绪也。言身者初不及此，言气者亦属罕论。捶以内而外发，气由身而达梢，故气之用，不本诸身，则虚而不实，不形诸梢，则实而仍虚。梢亦乌可不讲，然此特身之梢耳，而犹未及乎气之梢也。

四梢为何？发其一也。夫发之所系，不列于五行，无关乎四体，似不足以立论，然发为血之梢，血为气之海，纵不必本诸发以论气，要不能离乎血而生，气不离乎血，即不得不兼及乎发。发欲冲冠，血梢定矣。舌为肉梢，而肉为气之囊，气不能形诸肉之梢，即无以充其气之量，故必舌欲催齿，而后肉梢足矣。至于骨稍者，齿也。筋梢者，指甲也。气生于骨，而联于筋，不及乎齿即未及乎筋之梢，而欲足乎尔者，要非齿欲断筋，甲欲透骨不能也。果能如此，则四梢足矣。四梢足，而气自足矣。岂复有虚而不实，实而仍虚者乎。

[五要论]

拳者，即捶以言势，即势以言气。人得五脏以成形，即由五脏而生气。五脏者，心、肝、脾、肺、肾也，乃性之源、气之本也。心为火而性炎上；肝为木而形曲直；脾为土而势乃敦厚；肺为金而有从革之能；肾为水而有润下之功，此乃五脏之义。而有准之于气者，皆各有所配合焉，乃论武事所不可离者。

其在内也，胸膈为肺经之位，而为诸脏之华盖，故肺动而诸脏不能静；两乳之中位心，而护以肺，盖心居肺之下、胃之上，心为君火，心动而相火无不奉合焉；两肋之间右为肝，左为脾；背脊骨十四节，皆为肾位，分五脏而总系于脊，脊通一身骨髓，而腰为两肾之本位，故肾为先天第一，尤为诸脏之源，故肾水足而金、木、水、火、土咸有生机。然五脏之存于内者，虽各有定位，而机能又各具于周身，领、顶、脑、骨、背皆肾也，两耳也为肾；两唇两腮皆脾也；而发则为肺；天庭为六阳之首，而萃五脏之精华，实头面之主脑，不啻为一身之座督矣；印堂者阳明胃气之冲，天庭性起，机由此达，生发之气，由肾而达于六阳，实为天庭之枢机也；两目皆为肝，细绎之上包为脾，下包为胃，大角为心经，小角为小肠，白则为肺，黑则为肝，瞳则为肾，实为五脏精华之所聚，而不得专谓之肝也；鼻孔为肺；两颐为肾；耳门之前为胆经，耳后之高骨亦肾也；鼻为中央之土，万物资生之源，实为中气之主也；人中乃气血之会，上冲印堂达于天庭，而为至要之所，两唇之下为承浆，承浆之下为地阁，上与天庭相应，亦肾位也。领顶、颈项者，五脏之导途，气血之总会，前为食气出入之道，后为肾气升降之途，肝气由之而左旋，脾气由之而右旋，其系更重，而为周身之要领。两乳为肝，肩窝为肺，两肘为肾，四肢为脾，两肩膊皆为脾，而十指则心肝脾肺肾，膝与胫皆肾也，两足跟为肾之要，涌泉为肾穴。大约身之各部，突者为心，陷者为肺，骨之露处皆为肾，筋之连处皆为肝，肉之厚处皆为脾。象其意则心如猛虎，肝为箭，脾气暴发似雷电，肺经翕张性空灵，肾其伸缩动如风。

其用为经，制经为意，临敌应变，不识不知，手足所至，若有神会，洵非笔墨所能预述者也。至于生克治化，虽有他编，而究其要领，自有统会，五行百体，总为一元，四体三心，合为一气，奚必断断于一经一络，节节而为之哉。

[六要论]

心与意合，意与气合，气与力合，内三合也；手与足合，肘与膝合，肩与胯合，外三合也，此为六合。左手与右足相合，左肘与右膝相合，左肩与右胯相合，右之与左亦然。以及头与手合，手与身合，身与步合，孰非外合？心与眼合，肝与筋合，脾与肉合，肺与身合，肾与骨合，孰非内合？岂但六合而已耶？然此特分而言之也，总之一动而无不动，一合而无不合，五行百骸悉在其中矣。

[七要论]

头为六阳之首，而为周身之主，五官百骸，莫不惟首是瞻，故身动头不可不进也；手为先行，根基在膊，膊不进则手却而不前也，故膊贵于进也；气聚中脘，机关在腰，腰不进则气馁而不实矣，故腰亦贵于进也；意贯周身，运动在步，步不进意则瞠然无能为矣，故步尤贵于进也；以及上左必须进右，上右必须进左，其为七进，孰非为易于着力者哉。要之，未及其进，合周身而毫无关动之意，一言其进，统全体而俱无抽扯游移之形。

[八要论]

　　身法为何？纵横、高低、进退、反侧而已。纵则放其势，一往而不返；横则裹其力，开括而莫阻；高则扬其身，而有增长之意；低则抑其身，而有扑捉之形；当进则进，弹其身而勇往直冲；当退则退，领其气而回转伏敛；至于反身顾后，后即前也，侧顾左右，左右岂敢当哉。而要非拘拘焉为之也。必先察敌之强弱，运吾之机关，有忽纵而忽横，纵横因势而变迁，不可一概而推；有忽高而忽低，高低随时以转移，不可执格而论。时而宜进，故不可退而馁其气；时而宜退，即当以退而鼓其进，是进固进也，即退亦实以赖其进。若反身顾后，而后亦不觉其为后；侧顾左右，而左右也不觉其为左右矣。

　　总之，机关在眼，变通在心，而握其要者则本诸身，身而进，则四体不令而行矣；身而却，则百骸莫不冥然而退矣。身法顾可置而不论哉。

　　今夫五官百骸主于动，而实运以步。步乃一身之根基，运动之枢纽也。以故应战对敌，皆本诸身，而所以为身之砥柱者，莫非步；随机应变在于手，而所以为手之转移者，亦在步；进退反侧，非步何以作鼓荡之机；抑扬伸缩，非步无以操变化之妙。所谓机关者在眼，变化者在心，而所以转弯抹角、千变万化，而不至于窘迫者何？

莫非步为之司令耶。而要非勉强以致之也。动作出于无心，鼓舞出于不觉，身欲动而步为之周旋，手将动而步亦为之催逼，不期然而然，莫之驱而驱，所谓上欲动而下自随也。且步分前后，有定位者步也，然而无定位者亦为步。如前步之进，后步之随，前后自有定位，若以前步作后，后步作前，更以前步作后之前步，后步作前之后步，则前后亦自然无定位也。总之，拳乃论势，而握要者为步。活与不活，固在于步，灵与不灵，亦在于步，步之为用大矣哉

附录二 内功四经

山西宋氏形意门传有《内功四经》，附录如下，仅供参考。

[原跋]

此书得自清初，总宪王公得于水底石函之中，初无可解。百年之后，南溪子悟识参机，方知是仙传至宝，付于知己宗景房。学者用之，必须由内功入手学练，纳卦次之，神运又次之，地龙收功，大略不过如此也。尚望同志者详注参学是幸。

北京宋约斋得于燕都，刘晓堂先生得于沈阳工部库中。

卷壹 [内功经]

内功之传，脉络甚真。不知脉络，勉强用之，则无益而有损；前任后督，气行滚滚，井池双穴，发劲循循，千变万化，不离乎本，得其奥妙，方叹无垠。任脉起于承浆，直下至阴前高骨；督脉起于尻尾，直上由脊背过泥丸，下印堂，至人中而至。井者，肩井穴也，肩头分中即然；池者，曲池穴也，肘头分中即然，此周身发劲之所也。龟尾升气，丹田练神，气下于海，光聚天心。从尾骨尽处用力向上翻起，真气自然上升矣。脐下一寸二分，丹田穴也，用功时，存元神于此处耳。小腹正中为气海，额上正中为天心，气充于内，形光于外也。既明脉络，次规格式。格式者，入门一定之规也，不明此，即脉络亦空谈耳。头正而起，肩平而顺，背平而正。正头、起项、壮面、神顺、肩活，胸平背自平，身微有收敛之形，此式中之真窍也。足坚而稳，膝曲而伸，裆深而藏，肋开而张；足既动，膝用力，前阴缩，两肋开，气调而匀，劲松而紧；出气莫令耳闻，劲必先松而后紧，缓缓行之，久久功成。先吸后呼，一出一入，先提后下，一升一伏，内收丹田，气之归宿。吸入呼出，勿使有声。提者，吸气之时，存想真气上升至顶也；下者，真气降归于丹田也；伏者，觉周身之气渐小，坠于丹田，龙蛰虎卧潜伏也。

下收谷道，上提玉楼，或立或坐，吸气于喉，以意送下，渐至底收。收者，慎气谢也，提玉楼者，耳后高骨也。使气往来无阻碍，不拘坐立，气自喉者，以肺摄心也，气虽聚于丹田，存想沉至底方妙。

升有升路，肋骨齐举；降有降所，气吞俞口。

气升于两肋，骨缝极力张开，向上举之，自然得窍。降时必自俞口，以透入前心，方得真路。

既明气窍再详劲诀。

曰：通，劲之连也。曰：透，骨之速也。通透往来无阻也，伸劲拔力以和缓，柔软之意。

曰：穿，劲之连也。曰：贴，劲之络也。穿贴横竖联络也，伸劲拔力以刚坚，凝结之意。

曰：松，劲之渔。曰：悍，劲之萃。松渔者，柔之极也，养精蓄锐之意；悍萃者，刚之极也，气血结聚之谓。松如绳之系，悍如水之清。

曰：合劲之一，曰：坚劲之转。合者，合周身之一也；坚者，横竖斜缠之谓也。

按肩以练步，逼臀以坚膝，圆裆以坚胯，提胸以下腰。按肩者，将肩井穴劲，沉至涌泉；逼臀者，两臀极力贴住也；圆裆者，内向外极力挣横也；提胸者，起前胸也。

提颏以正项，贴背以转斗，松肩以出劲。两背骨用力贴住，觉其劲自脐下而出，自六腑向外，转至斗骨而回。出劲之时，将肩井穴劲软意松开，自无碍矣。

曰横劲，曰顺劲，变之分明，横以济竖，竖以横用。竖者，肩至足底；横者，两背手也。以身说，则竖者自腋至二肩穴；横者，自六腑转于斗骨背也。自裆至足底，自膝至于臀，以腿而言之也。

五气朝元，周而复始。四支元首，收纳甚妙。吸气纳于丹田，升真气于头，复至俞口，降于丹田。一运真气，自裆下于足底，复上自外胯升于丹田。二运真气自背骨膊里出手，复自六腑，转于丹田，一升一降，一下一起，一出一入，并行不悖，川流不息，久久用之，妙处参悟甚多。

练神练气，返本还元，天地交泰，水升火降，头足上下，交接如神；静升光芒，动则飞腾，气胜形随，意劲神同。神帅气，气帅形，形随气腾。

以上劲诀既详，下言调气之方：

每日清晨，静坐盘膝，闭目钳口，细调呼吸，一出一入，皆从鼻孔。而少时气定，遂吸一口气，但吸气时须默想真气自涌泉发出，升于两胁，自两胁升于前胸，自前胸升于耳后，渐升于泥丸，降手时，须默想真气由泥丸至印堂，降至鼻，鼻至喉，喉至脊背，脊背透至前心，前心沉至丹田，丹田气足，自能复从尾闾，达于脊背，上升泥丸，周而复始，从乎天地，回圈之理也。

[纳卦经] 卷贰

乾坤

头项法乎乾，取其刚健纯粹。足膝法乎坤，取其静厚载。凡一出手，先视虎口，前中高咳用力，正平提起；后脊背用力塌下，真手来时，直达提气穴，着力提住，由百会穴转过昆仑，下明堂，贯两目，其气欲鼻孔泄时，便吸入丹田。两耳下各三寸六分，谓之眼穴，用力向下截住，合周身全局。用之久，自知其妙也。凡一用步，两外虎眼极力向内，两内虎眼极力向外，委中大筋竭力要直，两盖骨竭力要曲，四面相交，合周身之力向外一扭，则涌泉之气，自能从中透出矣。

巽兑

若夫肩背宜于松活，是乃巽顺之意，裆胯要宜靠紧，须玩兑泽之情。塌肩井穴，须将肩顶骨正直下与比肩骨相合，曲池穴，比肩顶骨略低半寸，手腕直与肩齐，背骨遂极力贴住，此是竖劲，不是横劲，以竖则实，以横则虚。下肩井穴，自背底骨直至足底，故谓竖。右背则将左背之劲，自骨底以意透于右背，直送二记扇门穴，故谓横。两劲并用而不乱，元气方能升降如意，而巽顺之意得矣。裆胯要圆而紧，气正直上行，不可前出，不可后掀，两胯分前后，前胯用力向前，后胯用力向下，涌泉来时向上甚大，两胯极力按之总以骨缝口相对，外阴、内阳，忽忽相吞并为主。

艮震

艮象曰：时行则行，时止则止，其义深哉。

胸欲竦起，艮山相似，肋有呼吸，震动莫疑，肋者协也，鱼鳃也。胸虽出而不高，肋虽闭而不束，虽张而不开，此中玄妙难以口授。用力须以意出、以气胜，以神足，则为合式，非出骨内劲也。用肋一气呼吸为开拳，以手之出为开闭，以身之纵横为开闭。步高劲在于足，中步劲在于肋，下步劲在于背，自然理也。

坎离

坎离之卦，乃身内之义也，可以意会，不可以言传。以肾为水火之象，水宜升，火宜降。

两相既济，水火相交，真气乃萃，精神渐长，聪明且开，岂但劲乎？是以善于拳者，讲劲养气，调水火，此一定不易之理也，须以意导之。下气聚劲，练步，皆欲心气下达于肾也，亦须以意导也。

[神运经] 卷叁

总诀四章

练形而能坚，练精而能实，练气而能壮，练神而能飞。固形气，以为纵横之本；萃精神，以为飞腾之基。故形气胜，能纵横；精神敛，能飞腾。

右第一章言神运之体

先明进退之势，复究动静之根，进先伏而后起，退方一合而即动。以静为本，故身虽疾，而心自暇，静之妙，当明外呼吸之间。纵横者，劲之横竖；飞腾者，气之深微。

右第二章言神运之式

击敌者，有用形、用气、用神之迟速；被攻者，有仆也、怯也、索也之深浅。以形击形，自到后而乃胜；以气击气，手方动，在而谓；以神击神，身未动，而得入。形受形攻，形伤而仆于地。气受气攻，气伤而怯于心。神受神攻，神伤而索于胆。

右第三章言神运之用

纵横者，肋中形合之式；飞腾者，丹田呼吸之间。进退随手之出入，来去任气之自然。气欲露而神欲敛，身宜稳而步宜坚，即不失之于轻，复不失之于动。探如鹰隼之飞，疾若虎豹之强。

右第四章合言体用之意

山不汗则崩，木无根则倒，水无源则涸，功夫亦然，学者欲用神运经，必须内功、纳卦、十二大劲，周身全局方可学此。否则不惟无益，而且有损。

凡用此功，必须骑马式，稳住周身全局，一呼则纵，一吸则回。纵时两足齐起，回时两足齐落，此法永不可易。然用劲，又因敌布阵，当有高低、上下、远近、迟速、虚实、大小，变化不一。刚柔动静之间，成败得失之机，在是焉。欲善用劲，须动步不动心，动身不动气，心表静而步坚，气静而身稳，由静而精，自得飞腾变化矣。盖知静之为静，静亦动也；知动之为动，动亦静也。是以善于神动者，神缓而眼疾，心缓而手疾，气缓而步疾，盖因外疾而内缓，外柔而内刚，知体用之妙也。所贵者，以柔用刚，方是真刚，以柔用疾，方是真疾。此中定静妙奥之用得之于象外，非可以形迹求也，学者务要深详参究，久而久之，神运之法自能悟其妙理。

神运既明再言内功十二大力法：

一曰底练稳步如山，二曰坚膝屈直似柱。

三曰裆胯内外凑齐，四曰胸背刚柔相济。

五曰头颅正侧撞敌，六曰三门坚肩贴背。

七曰二门横竖用肘，八曰穿骨破彼之劲。

九曰坚骨封彼之下，十曰内掠敌彼之里。

十一曰外格敌之外，十二曰撩攻上内外如一矣。

地龙真经，利在底攻；全身经地，强固精明；伸可成曲，住亦能行；曲如伏虎，伸比腾龙；行住无踪，伸屈潜踪；身坚似铁，法密如龙；翻猛虎豹，转疾隼鹰；倒分前后，左右分明；门有变化，法无定形；前攻用手，二三门同；后攻用足，踵膝通攻；远则追击，近则接迎；大胯着地，侧身局成；仰倒若坐，尻尾单凭；高低任意，远近纵横。

代后记

我与《逝去的武林》

常学刚

2006年的11月,《逝去的武林》出版,承皓峰先生美意,特加一则"鸣谢",说李仲轩老人文章的面世,"是由《武魂》杂志常学刚先生首次编辑发表,并提议开设系列文章"。

于是,我就和这本被赞为"奇人高术"的书有了关系,乃至沾光,居然也被一些读者当成了慧眼识珠的高人。

当然,所谓"慧眼""高人"之类,于我实在是并不沾边,但想想十余年前发生的这段"文字缘",却又不是全无可忆。若让现在说一说感受,大概"可遇不可求"这几个字,还比较贴切。

"系列文章"开设的缘起

大约是在2000年的10至11月间,我收到一篇社会自由来稿,题目是《我所了解的尚式形意拳》,作者叫徐皓峰。文章讲的是作者向李仲轩先生学习尚式形意拳的事情。这位李先生据说是形意拳大家尚云祥的弟子，时年85岁。

我不知道徐皓峰是谁，李仲轩先生也是名不见经传。文章虽然在《武魂》2000年第12期登出来了，但在我眼中，这只是每日过往稿件中普通的一篇而已。

如果当年徐皓峰就此打住，我相信这一次编者与作者的交集，不会给我留下特殊的印象。

幸运的是，徐并未住手，时隔三个月后，第二篇《耳闻尚云祥》来了（刊发在《武魂》2001年的第4期）。现在看来，此文是"李仲轩系列文章"日后之所以能成为"系列"的关键。

之所以说其"关键"，是因为这篇稿件说的话，与我所熟悉的完全不同。比如：武林皆知尚云祥功力惊人，练拳发劲，能将青砖地面踩碎，故得"铁脚佛"之美誉，而此文则说尚云祥对这个称呼很不喜，认为是"年轻时得的，只能吓唬吓唬外行"。

再比如，凡是练形意拳的人都知道"万法出于三体式"，可此文却说尚云祥说过"动静有别"的话，甚至连形意拳最基本的桩法三体式都不让门人站。至于文中所介绍的尚云祥课徒手段，什么"转七星"、"十字拐"、加上了两个铁球的"圈手"等等，更是闻所未闻。

而最骇人的，莫过于此文"练形意拳招邪"的说法，用尚云祥的话讲："太极十年不出门，形意一年打死人"，学形意拳的都在学打死人，最终把自己打死了。

——诸如此类的语言，让自诩是内行的我，心头又恨又痒，既恨"内行"被颠覆，又心痒于"颠覆"后面那未知领域的诱惑。"做系列"的念头，或许就是从这时产生了。

文章让我心仪的另一个原因，就是他文字和见识与众不同。在第三篇《尚式形意拳的形与意》一文的最后，徐皓峰写道：比如画家随手画画，构图笔墨并不是刻意安排，然而一下笔便意趣盎然，这才是意境。它是先于形象、先于想象的，如下雨前，迎面而来的一点潮气，似有非有，晓得意境如此，才能练尚式形意。尚式形意的形与意，真是"这般清滋味，料得少人知"。

——这番议论，为以往来稿所仅见，虚无缥缈，朦朦胧胧，正合了拳学"无拳无意是真意"的妙谛。

后来了解，徐皓峰年纪轻轻，却学过画，修过道。李仲轩、徐皓峰爷孙二人，年龄相差近一个甲子，天知道是怎样一个缘分！无李的见识，徐断无此拳学境界；无徐的知音，李的见识未必能表达得这般确切传神。李、徐互相成就了。

不记得向徐皓峰建议"做系列"的具体时间了，总之稿件的刊登渐渐密集起来。而我跟《武魂》的读者，心一定是相通的，《耳闻尚云祥》刚刊出不久，反馈就来了：

"徐皓峰先生的《耳闻尚云祥》，读了使人感到真实、可信且有新意，道出了常人所不知的一些史实真情，我们喜爱这样的文章"，一位读者来信这样说。

再往后，除了读者来信不断，《武魂》上的文章被传到网上，网络好评如潮，甚至出现一个以"轩迷"为号召的群体。李仲轩从杂志走上网络，原本默默无闻的"小人物"，竟以这种方式，突然走进了武术的历史。

"李老人家的话写在三块钱的杂志上，是把黄金扔到你脚下。千万千万把他捡起来"——在所有热评中，这句话最让我心动！

一向见来稿就想改一改的我，竟抑制了这种"编辑职业病"，稿子一字不改，还不知不觉顶礼膜拜起来，总希望有新的稿件，带给我和读者新的惊喜——我也成了一个"轩迷"！

说起来，是那些关注《武魂》杂志的读者和网民，他们真正内行的深入解读，他们热情急切的期盼敦促，推动了这个系列栏目一做就是五年，他们才是慧眼识珠的高人。

一波三折

印象中，我所遇到的稿件，大概没有一份会像这个"系列"那样，凭空生出若干波澜。而让我大为意外的是，第一个发难者会是徐皓峰的母亲。

就在"系列"连续刊出而我颇有些飘飘然时，徐母来电说，自从《武魂》刊登了她儿子的文章，徐家就不断有人上门，或拜师或挑战或采访或寻根，各类形状，各种口气，扰了一家人的平静。电话里，我能觉出忧虑。

徐母口气严厉，她说，家里绝不愿徐皓峰掺到武术这个行当中来。她甚至恳求我"不要再勾着"她的儿子写这些东西了！

我无言以对，就像个当场被捉的"教唆犯"，听凭数落，臊眉耷眼，很没脸也很无趣。

后来对李仲轩老人的历史和徐皓峰的情况知道得多了，才渐渐明白这一家人，心中有着一个怎样的武林，才理解当这个"逝去的武林"与今天"现实的武林"碰撞时，带给他们的是怎样的心理落差。

正像徐皓峰在2002年2月21日给我的一封信中所说："武林的理，原本就不是我们能想象的。"

从李仲轩的文章中可知，老人心中的那个武林，是直来直去、肝胆相照、豪气干云的武林，当年虽因"旧景令人徒生感伤"，"从此与武林彻底断了关系"，但对师友的那份眷恋，依然深埋在心底。五十余年后，李老以故人复相见的热忱来拥抱这个武林时，此武林是彼武林么？

我没有想到，李老和徐皓峰大概也没有想到，"系列"遇到的第二个波澜，却是"正名"，换言之，就是"辩诬"。

当今武林，凡有新面孔或眼生的拳技面世，常常会有人从各方面做一番来龙去脉的盘查，甚至泼来脏水。李仲轩"尚云祥弟子"的身份，也受到拳派一些质疑，读者对李文的好评愈多，批评质疑之声愈烈。

从李仲轩先生所发表的文章和此期间徐皓峰给我的几封信来看，一开始的李仲轩老人，极诚恳乃至极谦恭地为自己的身份提供着证明（以李仲轩的高傲性格，这是很难为他的），披露一些如尚云祥叫"尚昇，字云翔"等等只有老辈练拳人才知晓的珍贵史料，还认真回忆了在尚云祥家学拳的种种生活细节。

沟通是有效的，一些同门练拳人来访，认了这个前辈。当然也有人，哪里真的去听你"辩诬"呢？无怪徐皓峰在给我的信中说："一个八十多岁的人，还被别人要求印证自己的身份，我觉得悲哀。"

仲轩老人也许终于领会了,他给《武魂》写了一封信,表示:虽然我不能不认我的师傅,但今后谈拳,用唐师(唐维禄)的传法。最后说:"我遵守与尚师的约定,没有收过一个徒弟,所以等我去世后,尚式形意就没有我这一系了,如有,便是冒名者。"

不少读者特别是网络上的那些"轩迷",对李仲轩尚式形意拳"系列"的"自我腰斩"痛惜不已。这般情景,也是我的编辑经历中不曾见过的。

系列文章历经的最后的一个波澜,是2004年3月11日上午,李仲轩先生猝然辞世,而就在此前数天,李老还曾委专人寄稿三篇给我,愿将所知形意拳的内容陆续写出,借助《武魂》与读者广结武缘。孰料仅仅数日,竟已幽明永隔。

我不迷信,但也感叹莫非真是"天丧吾也",或是冥冥之中自有造物安排,有意不让诸事圆满,而留给世人"缺憾美"的想象与回味!

李老的最后三篇遗作,经他生前亲自确认核定,题为《闭五行与六部剑》《薛颠的猿象牛象》《形意拳"入象"

说》，陆续在《武魂》2004年4期、5期、6期刊出。

李老辞世后的第三天，皓峰先生又有专函寄至《武魂》，是替李老向广大喜爱他的读者做最后的道别。文中还公开了李存义传下的"五行丹"方，算是给大家留下的纪念。

徐皓峰在信中说："《形意拳"人象"说》一文是在李老生前整理的最后一篇，文中说了些略怪的话。现老人辞世，话也记入文中，不管如何，总之留下个资料。"

《形意拳"人象"说》都说了哪些"略怪"的话？赶紧拿出来看，话说得挺深奥，一段一段的，好像之间并不连接，也读不大懂。后来并没有专门去问徐皓峰，因为李仲轩有言在先："一篇怪话，聊作谈资。"或许确是用来随意聊天的东西，不必一本正经；抑或是禅语机锋，明心见性，真谛就随你见仁见智了。

收获与遗憾

关于《逝去的武林》一书的前世，拉拉杂杂地写了那些流水账，别人看来，可能并没有什么用处，顶多就算给读者增加了一点谈资。然而在我心里，却并不这么想。李仲轩的系列文章，在《武魂》杂志一刊就是五年，其间牵动的种种波澜与反馈，都是现实中真实的人和事，它折射出了当代武林的林林总总。

而正是因为对这个流水账的回顾，我才理解了皓峰先生在把李仲轩的系列文章整合成册时，为什么要升华定名为《逝去的武林》。今日的武林逝去了什么？不是拳经，不是拳谱，不是一拳一脚的技术，而是皓峰先生所说的：这个时代缺得最多的就是传统中国人的"样儿"。

我当武术杂志编辑，总共才二十年，而这一个"系列"，就占去了五年。是李仲轩的文章和李仲轩文章在《武魂》的经历，使原本浅薄的我，变得多少深刻了一些，深刻到能去思考思考中国人原本该有的风范。

这样的稿子，在一本武术类杂志中，并不是总能够遇到，所以我说李仲轩的文章"可遇而不可求"。一个编辑能够遇上这样的一份稿子，堪称幸运！

在与李仲轩老人交往的过程中，令我最遗憾的事情，就是没能见上老人一面。

现在想来，因为替仲轩老人编辑系列文章且待人还算诚恳的原因，我大概已是老人心目中一个很近的朋友了。老人多次让徐皓峰带话给我，说视我为朋友，要请客相见，并在来信中表示：

贵刊以诚待我，我也以诚待贵刊待您。

萍水相逢，多蒙照顾，心下感激。

您对文章的支持，是难得的知遇之缘，我们会珍惜！

然而，对这份情谊，我却没有珍惜，因为我的无知、懒惰和假清高，最终也没有与仲轩先生见上一面。我无知，不理解仲轩老人时隔五十年"重出江湖"之后，期待与他的武林重逢之情；不理解老人因现实落差，而对真情实意倍加渴求。

也不知道老人在上面那些信中对我表达的情谊，其实是老人在呼唤他的那个武林。这一切，真应该早点懂得，可惜那时我不懂。

手头只有仲轩老人赠给我的几张照片，斯人已逝，情谊长存。

当时我不懂，现在我懂了，在这里，向李老的那个"武林"致敬！

2013年3月19日草成